Das Princip der Ministerverantwortlichkeit in der constitutionellen Monarchie.

Eine staatsrechtliche Abhandlung

von

Dr. Adolf Samuely.

Springer-Verlag Berlin Heidelberg GmbH 1869

ISBN 978-3-662-38858-7 ISBN 978-3-662-39784-8 (eBook)
DOI 10.1007/978-3-662-39784-8

Inhalts-Verzeichniß.

Einleitung.

Die Lehre von der Verantwortlichkeit der Minister kann mit Fug und Recht als eine der wichtigsten im Gebiete des constitutionellen Staatsrechtes bezeichnet werden. Wenn einzelne deutsche Fürsten und Staatsmänner noch immer in dem natürlichen Verlangen einer rechtlichen Normirung der Ministerverantwortlichkeit eine Kriegserklärung erblicken; wenn es auch in neuester Zeit nicht an Schriftstellern gefehlt hat, welche, allerdings mit mehr Eifer als Erfolg, die Nutzlosigkeit und Schädlichkeit dieser Institution nachzuweisen sich bemühten, so hat sich doch schon längst überall die richtige Erkenntniß Bahn gebrochen, daß eine gesetzlich geregelte, mit den übrigen organischen Einrichtungen des Staats zusammenhängende Verantwortlichkeit den obersten Beamten der Krone eine Grundbedingung des constitutionellen Lebens sei.[1]) Die Ministerverantwortlichkeit, indem sie zwei dem Anscheine nach unvereinbare Gegensätze versöhnt: Die Unverantwortlichkeit des Regenten mit der Freiheit und Wohlfahrt des Volkes, ist in der That eine der schönsten Institutionen des freien Staats, eine eben so mächtige Garantie für

[1]) Le Graverand, Des lacunes de la législation française, Tom. II, chap. III: „La responsabilité des ministres est tellement inhérente à l'essence d'une monarchie constitutionnelle, que l'on peut affirmer que, sans cette garantie nécessaire il serait impossible d'indiquer une différence réelle, dans la pratique et l'action, entre la nature de ce gouvernement et celle d'une monarchie absolue." — Selbst weniger liberale Schriftsteller, welche den Umfang der ministeriellen Verantwortlichkeit auf ein Maß zurückführen wollen, wo der Vorwurf der Unwirksamkeit und Nutzlosigkeit nicht mehr ungerecht wäre, sehen dennoch in der rechtlichen Existenz dieses Instituts den eigentlich realen Unterschied zwischen dem absoluten und dem Verfassungsstaat. Vgl. J. Held, System des Verfassungsrechts, I, S. 315.

Fürst und Thron, wie für die Rechte und Interessen der Regierten.[1]) Bei der hohen theoretischen und praktischen Bedeutung des Gegenstandes ist es eine um so auffallendere Erscheinung, daß die wissenschaftliche Behandlung desselben vielfach Mängel und Gebrechen aufweist; man darf jedoch auf der anderen Seite nicht außer Acht lassen, daß viele Umstände zusammen wirkten, um der Doctrin die Gewinnung sicherer Resultate gerade auf diesem Gebiete zu erschweren. In erster Linie waren es die vielverbreiteten und langandauernden Irrthümer in der Auffassung des Wesens der constitutionellen Monarchie, welche den nachtheiligsten Einfluß auf die wissenschaftliche Betrachtung der Frage ausübten. Sodann fehlte es hier nicht nur an der gehörigen Einwirkung der Doctrin auf die Gesetzgebung, sondern die verschiedenen Wege und Richtungen, welche die Gesetzgebungen der einzelnen Staaten einschlugen, insbesondere aber der schwankende Gang der deutschen Legislation und das durch die particulare Mannigfaltigkeit der deutschen Verfassungsbestimmungen verdunkelte Princip der Verantwortlichkeit haben die Theorie irregeleitet und verwirrt. Dabei übersah man eben oft, daß jede Institution in ihrem organischen Zusammenhange mit den übrigen politischen und rechtlichen Einrichtungen des concreten Staats erfaßt werden muß. Und wenn nicht mit Unrecht bemerkt worden ist, daß vorzugsweise in unserer Lehre die Gesetze der verschiedenen Staaten als wechselseitige Commentare betrachtet werden können[2]), so genügt es doch keineswegs, wie dies oft geschehen, überall nur das Gemeinsame und Uebereinstimmende hervorzusuchen und aneinander zu reihen. Eine vergleichende Betrachtung des Instituts der Ministerverantwortlichkeit, wie es sich in den verschiedenen Staaten gestaltet hat, wird vielmehr nur dann fruchtbar sein, wenn man die zu Grunde liegenden prinzipiellen Verschiedenheiten aufsucht und feststellt; denn es ist die charakteristischste Eigenthümlichkeit der

---

[1]) Klüber, Oeffentliches Recht des deutschen Bundes, S. 565: „Mit Hilfe dessen — — wird der verfassungsmäßige Monarch der Mittelpunkt der Macht und Majestät der Nation, unerreichbar für den Stoß politischer Bewegung.“ — Th. Erskine May, a practical treatise, S. 498: „impeachment by the Commons — — is a safeguard of public liberty well worthy of a free country, and of so noble an institution as a free Parliament.“ E. Laboulaye, Le parti libéral, chap. XIII, S. 195 ff.

[2]) Oswald de Kerkhove, De la responsabilité des ministres etc., S. 19.

constitutionellen Monarchie, daß in ihr oft dieselben Grundgedanken in den mannigfaltigsten Formen und Gestaltungen verwirklicht erscheinen, daß andererseits oft im Einzelnen sehr ähnliche Bestimmungen aus sehr verschiedenen Principien abgeleitet sind.

Wie sehr, in Folge der angedeuteten Einflüsse, die theoretischen Darstellungen dieser Lehre an Unfertigkeit und Unbestimmtheit leiden, zeigt schon die äußerst vage Terminologie, welche in ihrer bunten Mannigfaltigkeit thatsächlich nur die Unklarheit der Begriffe selbst wiederspiegelt. So spricht man von einer moralischen, parlamentarischen, juristischen, politischen, speciellen, strafrechtlichen und gerichtlichen Verantwortlichkeit der Minister und gebraucht diese Ausdrücke in ganz verschiedenem Sinne. Mit dem Ausdruck „moralische" Verantwortlichkeit bezeichnet der allgemeine Sprachgebrauch die Verantwortlichkeit vor der öffentlichen Meinung [1]), während dagegen Dahlmann [2]) diese Art von Verantwortlichkeit die „politische" nennt. Unter „parlamentarischer" Verantwortlichkeit verstehen viele Schriftsteller die den Ministern obliegende Pflicht, in den Sitzungen der Volksvertretung zu erscheinen und derselben die nöthigen Aufschlüsse und Auskünfte zu ertheilen [3]); andere jedoch bezeichnen damit die Verantwortlichkeit der Minister für ihre schlechten Regierungsacte, welche keine Verfassungsverletzungen enthalten. [4]) Die Bezeichnung „juristische" Verantwortlichkeit wird immer auf diejenigen Fälle angewandt, wo eine Anklage der Volksvertretung statthaft ist; diese Fälle selbst aber werden sehr verschieden bestimmt, indem man darunter bald Verfassungs- und Gesetzesverletzungen [5]), bald Pflichtverletzungen überhaupt begreift [6]). Gleichbedeutend mit der „juristischen" Verantwortlichkeit finden sich bei einzelnen Schriftstellern die

---

[1]) Kerkhove, S. 33; Mittermaier im Ausschußbericht (Verhandlungen der deutschen verfassungsgeb. Reichsversammlung, herausg. v. Häßler, Bd. II) S. 145.

[2]) Politik, S. 106.

[3]) R. v. Mohl, Die Ministerverantwortlichkeit, S. 6; H. G. Lagemans, De leer der ministeriële verantwoordelijkheid, S. 31 ff.; Kerkove l. c.

[4]) Campe, Die Lehre von den Landständen, S. 450.

[5]) Bluntschli, Allgemeines Staatsrecht, II, S. 160; Kaltenborn, Einleitung in das const. Verfassungsrecht, S. 103; H. Bischof, Ministerverantwortlichkeit und Staatsgerichtshöfe (Linde's Arch. für das öffentliche Recht des deutschen Bundes, III, S. 15); Stein, Verwaltungslehre, I, S. 93.

[6]) Waitz, Politik nebst einzelnen Ausführungen, S. 52.

Ausdrücke „constitutionelle[1])“, „besondere[2])“ und „strafrechtliche[3])“ Verantwortlichkeit. In ganz verschiedenem Sinne wird endlich die Bezeichnung „politische“ Verantwortlichkeit gebraucht. Während einzelne Rechtslehrer[4]) damit die Verantwortlichkeit für die rein politischen Fehler der Minister — sogenannte Mißregierung — bezeichnen, nehmen andere[5]) diesen Ausdruck in dem oben angegebenen Sinne von „parlamentarischer“ Verantwortlichkeit; noch andere[6]) verstehen darunter die Verantwortlichkeit der Minister dem Souverän gegenüber oder gar überhaupt die allgemeine Pflicht derselben, vom Amte zurückzutreten, sobald sich eine unlösliche Divergenz zwischen ihren Anschauungen und denen der Volksvertretung ergiebt[7]).

Schon durch diese kurze Auseinandersetzung wird, wie wir glauben, genügend die Nothwendigkeit einer Revision der Grundbegriffe dieser Lehre, wie wir sie beabsichtigen, dargethan sein. Wir werden jedoch unsere Untersuchung auf die rechtliche, d. h. auf diejenige Verantwortlichkeit der Minister beschränken, welche, obgleich ihr Zweck ein politischer ist, auf Gesetz beruht und durch Rechtsmittel der Volksvertretung geltend gemacht wird. Ausgeschlossen bleiben jene Arten der Verantwortlichkeit, deren Realisirung sich in anderer Weise vollzieht — die gewöhnlich sogenannte „moralische“ und „parlamentarische“ Verantwortlichkeit. Die „moralische“ oder die Verantwortlichkeit vor dem Tribunale der öffentlichen Meinung, deren Wirksamkeit vorzugsweise durch den Grad der politischen Freiheit und den gesunden politischen Sinn eines Volkes bedingt ist, steht durchaus in keiner Beziehung zur ministeriellen Stellung; das Urtheil dieses Gerichtshofs trifft und erreicht Jeden, den Höchsten wie den Niedrigsten im Staate, selbst jene Personen, deren Unverantwortlichkeit gesetzlich sanctionirt ist. Anders verhält es sich mit der „parlamentarischen“ Verantwortlichkeit, worunter wir, in

---

[1]) John in v. Holtzendorf's Allgem. deutsche Strafrechtszeitung, 1863, S. 553.

[2]) Buddeus, Die Verantw. d. Minister in const. Monarch., S. 22.

[3]) H. A. Zachariae, Deutsches Staats- und Bundesrecht, I, S. 311.

[4]) Bluntschli, Held, Bischof, Waitz a. a. O.

[5]) Dahlmann, S. 106; Gerber, Grundzüge eines Systems des deutschen Staatsrechts, S. 185; Zachariae l. c.

[6]) v. Kaltenborn, Einleitung in das constitutionelle Verfassungsrecht, S. 103.

[7]) Stein, Verwaltungslehre, I, S. 96. Eine völlig unentwirrbare Terminologie bei Enyrim, Die Verantwortlichkeitsfrage, S. 6. 7.

Uebereinstimmung mit der üblichen Terminologie, die Pflicht der Minister verstehen, dem Parlamente zu jeder Zeit Rede zu stehen, ihre Maßregeln und Handlungen vor demselben zu vertreten und überhaupt ihre Anschauungen mit denen der Volksvertretung in Einklang zu bringen. Hervorgehend aus der eigenthümlichen Stellung der Minister gegenüber der Volksvertretung, ist diese Pflicht deswegen von hoher Bedeutung für das Staatsleben, weil in der Repräsentativmonarchie Regierung und Volksvertretung nur durch fortwährenden Contact, durch ununterbrochene organische Wechselwirkung gemeinschaftlich ihre großen Staatsaufgaben erfüllen können; aber sie erhält ihre Bedeutung und damit ihren eigentlichen Werth erst durch die rechtliche Verantwortlichkeit.[1])

Wir stellen uns aber auch nicht die Aufgabe, die Theorie der rechtlichen Verantwortlichkeit in ihrem vollen Umfange zu entwickeln, sondern werden uns vorzugsweise mit der wissenschaftlichen Erforschung des Princips derselben beschäftigen. Die Feststellung des Princips erscheint für die Theorie und für die Praxis von tiefgreifendster Bedeutung, weil, nach unserer Ueberzeugung, nur dadurch eine Lösung der vielfach verschlungenen Detailfragen erwartet und eine sichere Basis für die in der Gesetzgebung einzuschlagende Richtung gewonnen werden kann.[2]) Da aber das Princip der ministeriellen Verantwortlichkeit den rechtlichen Grund, den Umfang und die Natur derselben umfaßt, so können wir die Frage, deren Beantwortung wir zum Gegenstande unserer Untersuchung machen, genauer dahin formuliren: welches ist der Rechtsgrund, der Umfang und die juristische Natur der durch die Anklage der Volksvertretung zu realisirenden Verantwortlichkeit der Minister?

Aus dem Inhalt dieser Frage sowie aus unseren bisherigen Erörterungen ergiebt sich schon zum Theil der in unserer Untersuchung einzuschlagende Weg. Indessen wird es doch nothwendig sein, einen kurzen Ueberblick über die Anordnung des Stoffs vorauszuschicken. Unsere Abhandlung zerfällt in zwei Abtheilungen, eine

---

1) Wir werden im Verlaufe unserer Darstellung diese Ausdrücke in dem angegebenen Sinne gebrauchen, bemerken jedoch, daß dort, wo von Verantwortlichkeit schlechthin die Rede ist, wir immer darunter die durch ständische Anklage zu realisirende verstehen.

2) Zöpfl, Grundsätze des gem. deutschen Staatsrechts, II, S. 411.

kritische und eine dogmatische. Eine solche Scheidung schien um so unentbehrlicher, als es an einer übersichtlichen Zusammenstellung der verschiedenen, sich mannigfach kurchkreuzenden Ansichten fehlt und eine abgesonderte kritische Beleuchtung derselben nicht allein den Ueberblick über unsere gesammte Darstellung erleichtern, sondern uns auch zahlreiche Anhalts- und Anknüpfungspunkte zur dogmatischen Entwicklung des Princips gewähren wird. Allerdings ist es nicht leicht, die bisher aufgestellten Ansichten übersichtlich zu pruppiren; denn die meisten Bearbeitungen unserer Lehre haben, indem sie sich in eine Fülle von Details verloren, die principielle Seite nur vag und flüchtig angedeutet, oder das angenommene Princip nach der einen oder anderen Richtung irrig aufgefaßt, so daß in den seltensten Fällen eine grundsätzliche Anschauung klar und scharf durchgeführt erscheint, vielmehr bei den meisten Schriftstellern, neben Abweichungen in der Begründung und wesentlichen Divergenzen in den Resultaten, nicht selten Anklänge an die gegnerischen Ansichten hervortreten. Doch glauben wir diese Schwierigkeit, soweit es überhaupt möglich, beseitigen zu können, wenn wir uns bei der Anordnung des kritischen Theils von folgenden Gesichtspunkten leiten lassen: Rechtsgrund, Umfang und juristische Natur der Ministerverantwortlichkeit können nur dann präcis bestimmt werden, wenn man erstens das Verhältniß der Minister zum Souverän, und zweitens das Verhältniß der Regierung zur Volksvertretung aus dem Wesen der constitutionellen Monarchie ableitet und feststellt. In der That haben die Irrthümer und Verkehrtheiten der meisten Theorien in einer schiefen oder mangelhaften Auffassung des einen oder des anderen Verhältnisses ihre nachweisbare Quelle. Wir werden demnach zuerst (I.) diejenigen Theorien darzustellen und zu widerlegen haben, welche durch eine irrige Auffassung der Stellung des constitutionellen Monarchen gegenüber den Ministern zu falschen Resultaten gelangt sind; daran wird sich (II.) eine kritische Betrachtung jener Ansichten reihen, deren unrichtige Ergebnisse auf eine ungenaue oder falsche Auffassung der gegenseitigen Stellung von Regierung und Volksvertretung zurückzuführen sind; endlich müssen wir (III.) den Anschauungen der Theoretiker in Betreff der juristischen Natur der Ministerverantwortlichkeit aus dem Grunde eine besondere Betrachtung widmen, weil dieselben sich nicht, wie es nach der richtigen Auffassung der Fall sein müßte, aus den oben genannten Gesichtspunkten naturgemäß ergeben, sondern theils willkürliche, theils durch besondere Irrthümer veranlaßte Grundsätze enthalten.

Denselben Eintheilungsmodus werden wir auch im dogmatischen Theil unserer Darstellung befolgen, indem wir zuerst unsere eigene Ansicht über das Princip der Ministerverantwortlichkeit (I.) nach den angegebenen Beziehungen zu entwickeln und zu begründen versuchen (obgleich die rechtliche Natur der letzteren sich schon aus der Feststellung der bezeichneten Momente ergeben wird). Daran werden wir die Erörterung einer Reihe von Detailfragen knüpfen (II.), welche entweder directe Ausflüsse unseres Princips sind oder mit diesem in engem Zusammenhange stehen.

Erstes Capitel.

Kritischer Theil.

I.

Das Verhältniß der Minister zum Monarchen.

Wir beginnen, gemäß dem Plane unserer Darstellung, mit einer kritischen Betrachtung jener Ansichten über die Ministerverantwortlichkeit, welche von einer unrichtigen Auffassung der Stellung des constitutionellen Monarchen und des staatsrechtlichen Verhältnisses der Minister zu demselben ausgehen. Unter diesen lassen sich aber wiederum drei, in der Begründung und den Ergebnissen wesentlich von einander abweichende Theorien unterscheiden: die erste sucht die Verantwortlichkeit der Minister dadurch zu begründen, daß sie die eigentliche Action in die Hände der Minister legt und dem constitutionellen Fürsten eine neutrale Stellung zuweist; den stricten Gegensatz zu dieser Theorie bildet die zweite, welche das Princip der fürstlichen Selbstregierung voranstellt und den Minister zu einem passiven Werkzeug der Fürsten herabdrückt; eine dritte Theorie endlich sucht den scheinbaren Widerstreit zwischen der Unverantwortlichkeit des Staatsoberhaupts und der Responsabilität der Minister mit Hilfe einer Fiction zu lösen, welche alle Schuld für das Unrecht des Monarchen seinen Rathgebern zuschreibt. Diese drei Theorien sind in der angegebenen Reihenfolge näher zu betrachten.

§ 1.

Die erste Theorie [1]) stellt den Grundsatz auf, daß die constitutionelle Monarchie, indem sie auf der einen Seite die Unverant-

[1]) Als Vertreter dieser Theorie sind anzuführen: Benjamin Constant, Cours de politique constitutionnelle (pub. par E. Laboulaye) und Projet sur la responsabilité des ministres (in der Ausgabe des Cours de polit. const. von Pagès, S. 377—79); A. Cherbuliez, Théorie des garanties constitutionnelles,

wortlichkeit der Fürsten zum Axiom erhebe und auf der anderen den Grundsatz der ministeriellen Verantwortlichkeit sanctionire, die Natur der Staatsgewalten verändere, die unverantwortliche königliche Gewalt in eine neutrale und passive umwandle und eine neue active und verantwortliche Gewalt, das „pouvoir ministériel", in's Leben rufe.[1])

Der erste Begründer dieser tief in das Wesen der Monarchie einschneidenden Theorie von der besonderen ministeriellen Gewalt war der berühmte französische Publicist Benjamin Constant, dessen in bestehende Formen gekleideten Ideen bekanntlich nicht nur die französische Schule, sondern vielfach auch die deutsche Staatslehre beeinflußten. Constant's Ansicht über die Ministerverantwortlichkeit steht im engsten Zusammenhange mit seiner Auffassung des constitutionellen Staats. Noch durchaus auf dem Boden der Gewaltentrennung verharrend, hat er aus dem Gedanken der Verantwortlichkeit die Begründung des „pouvoir modérateur" geschöpft, jener regulirenden Gewalt, welche die Harmonie der in ihrer Thätigkeit sich wechselseitig bedrohenden Gewalten sichern sollte. Aus dem an sich richtigen Satze, daß im constitutionellen Staate Jeder, dem eine öffentliche Gewalt anvertraut ist, von der ein guter oder schlechter Gebrauch gemacht werden kann, für die Ausübung derselben verantwortlich sein müsse,[2]) folgert er die Nothwendigkeit, daß die unverantwortliche königliche Gewalt der Action vollkommen entrückt werde. Die Unverantwortlichkeit des Monarchen, behauptet er, beruhe auf dem Satze: „the king can do no wrong;" diese für den Bestand der Monarchie unentbehrliche Fiction müsse dadurch zur Wahrheit gemacht werden, daß man dem Fürsten eine solche Stellung

---

II, S. 165—170. Schwache Anklänge an dieselbe finden sich unter den deutschen Schriftstellern bei Eckendahl, Staatslehre, I, S. 189, und Hoffmann, die staatsbürgerlichen Garantien, II, S. 345. In gewisser Beziehung gehört hieher auch L. Stein, Verwaltungslehre I, S. 86—93, insofern dieser Schriftsteller ebenfalls die Nothwendigkeit einer Trennung der königlichen Gewalt von der Regierungsgewalt, wenn auch aus anderen Gründen, vertheidigt.

[1]) Constant, Projet sur la resp. des minist. (Pagès, S. 377): „La monarchie constitutionnelle change la nature du pouvoir royal, et crée en même temps un pouvoir nouveau, le pouvoir ministériel." Principes de politique (Laboulaye I, S. 18): „Le seul fait que le monarque est inviolable, et que les ministres sont responsables, constate cette séparation."

[2]) Projet sur la responsabilité (Pagès S. 377).

zuweise, in welcher er auch factisch kein Unrecht thun könne;[1]) die unverantwortliche königliche Gewalt dürfe daher nicht activ sein, sondern habe sich den Thätigkeiten der übrigen Gewalten gegenüber nur neutral und regulirend zu verhalten.[2]) Auf der anderen Seite sei es ebenso natürlich, den verantwortlichen Ministern die selbstständige und unabhängige Ausübung der Exekutive zu übertragen, weil es allen Principien der Gerechtigkeit und Billigkeit widerstreiten würde, ein passives Werkzeug verantwortlich zu machen, während man das eigentlich active Organ, den befehlenden Souverän, für irresponsabel erklären müßte.[3]) Die Minister erscheinen nach dieser Theorie als die selbständigen Träger der Executive, als die in ihrer Sphäre unabhängigen Repräsentanten des Königs, welchem nur, entsprechend seinem Rechte zur Auflösung der Volksvertretung, das Recht zusteht, die Organe der Executive nach Belieben zu entlassen.[4])

[1]) So sagt Constant in seinem Projet (Pagès, S. 378) ausdrücklich: „— — pour qu'il (le pouvoir royal) ne puisse pas faire de mal, il faut qu'il n'agisse jamais dans la sphère où le mal peut avoir lieu. En conséquence le pouvoir est dans la monarchie constitutionnelle un pouvoir au-dessus de la région véritablement actif."

[2]) Derselbe, De la resp. des minist. (Laboulaye, I, S. 423): „— — c'est un pouvoir neutre et abstrait au-dessus de la région des orages." Vergl. Principes de politique (Laboulaye, I, S. 19). Cherbuliez, Theorie des gar. const., II, S. 168: „La constitution le declare chef du corps exécutif; il figure comme tel dans les occasions où sa présence n'est qu'une pure forme."

[3]) Constant, Esquise de constitution (Laboulaye, I, S. 178).

[4]) Daselbst, S. 179. — Nur der Form, nicht dem Wesen nach erscheint diese Theorie in der Brasilianischen Verfassung practisch durchgeführt. Die Verfassung kennt nämlich außer den drei Gewalten, der Gesetzgebung, der Executive und der Rechtsprechung, noch eine vierte, das „pouvoir modérateur", ja Art. 98, welcher dieselbe definirt, ist fast wörtlich von Constant (Projet sur la resp., Pagès, S. 378) entlehnt und lautet: „Le pouvoir modérateur est la clef de voûte de toute l'organisation politique; il est délégué exclusivement à l'empereur, comme chef suprême de la nation et son premier représentant, pour qu'il veille incessamment sur le maintien de l'indépendance et sur l'équilibre et l'harmonie des autres pouvoirs." Aber die Functionen des „pouvoir modérateur", welche, ebenfalls im Anschlusse an Constant, im Art. 101 speciell aufgezählt sind, werden durch den Kaiser zwar ohne Mitwirkung der Minister, jedoch nicht ohne Controle und Verantwortlichkeit ausgeübt. Vielmehr muß, und das ist entscheidend, zu allen Acten der moderirenden Gewalt der Staatsrath zugezogen werden, dessen Mitglieder ebenso wie die Minister der Deputirtenkammer verantwortlich und vor dem Senate anklagbar sind. Vergl. Block, Dictionnaire général de la politique, I, S. 266.

Wenden wir uns nunmehr zu einer kritischen Prüfung der hier in den Grundlinien entwickelten Theorie, so erkennt man auf den ersten Blick, daß dem scharfsinnigen Begründer derselben der Organismus der englischen Staatsverfassung vorgeschwebt hat. In seiner ganzen Darstellung zeigt sich das, die französische Schule der damaligen Zeit überhaupt charakterisirende Bestreben, von den staatlichen Institutionen, wie sie sich in England unter eigenthümlichen politischen und socialen Constellationen oft nur factisch, nicht rechtlich gestaltet haben, allgemeine constitutionelle Rechtsgrundsätze zu abstrahiren und wissenschaftlich zu formuliren. So hat Constant in der scheinbar, aber auch nur scheinbar neutralen Stellung der englischen Könige[1]) das Vorbild seines „pouvoir neutre" gefunden und sucht dieses wieder auf die von ihm ganz mißverstandene Parömie des brittischen Staatsrechts: „the king can do no wrong" zurückzuführen. An diese Fiction, deren Bedeutung die englische Wissenschaft früh richtig erkannte,[2]) knüpft sich, wie wir im Laufe der Untersuchung wiederholt sehen werden, eine endlose Reihe von Irrthümern. Jede Lehre suchte sie für ihre Zwecke auszubeuten: während die absolutistische Theorie daraus eine mit der psychischen und moralischen Natur des Menschen unvereinbare höhere Qualität der Fürsten folgerte, sehen wir hier den geistvollen Vertheidiger des Constitutionalismus mit Hilfe desselben, echt monarchisch klingenden Satzes das Königthum zu einer Abstraction, den Fürsten zur Ruhe

---

[1]) Es ist leider eine weit verbreitete, aber durchaus irrige Anschauung, daß das englische Königthum keine reale Bedeutung habe und nur die glänzende, aber machtlose Spitze des Staatsgebäudes sei. Mit Recht bemerkt Hom. Cox, The institutions of the English government, S. 364: „To suppose, as some have done, that the power of an English Sovereign is unimportant, is to take a superficial view of our constitution." — Ein Königthum ohne Action, ohne reale Macht, hätte, weil unnatürlich, auch historisch keinen Bestand.

[2]) Der Satz „the king can do no wrong" ist schon vortrefflich commentirt von Blackstone, Commentaries, I, S. 246: „The king can do no wrong. Which autient and fundamental maxim is not to be understood, as if every thing transacted by the government was of course just and lawful, but means only two things. First, that whatever is exceptionable in the conduct of public affairs is not to be imputed to the king, nor is he answerable for it personally to his people — — And secondly it means, that the prerogative of the crown extends not to do any injury; it is created for benefit of the people, and therefore cannot be exerted to their prejudice." Vergl. Cox, Inst., S. 416.

und Passivität verurtheilen.[1]) Constant's ganze Argumentation gipfelt in dem Satze: damit der König kein Unrecht thue, darf er gar nichts thun. Hatte aber schon das in der Wissenschaft jetzt glücklicherweise überwundene Princip der Gewaltentheilung die einheitliche organische Natur des Staats zerstört, so war durch die Degradirung der königlichen Gewalt zu einer „pouvoir neutre et abstrait" der natürliche Organismus des Staats völlig umgekehrt worden.[2]) Das Staatsoberhaupt der staatlichen Action entrücken und zur Ruhe und Neutralität verweisen, heißt die Grundfundamente der Monarchie zerstören. Im Begriffe der Monarchie liegt die Idee der einheitlichen Concentration der Staatsgewalt in der Person des Monarchen, und jeder Versuch, Regierungsfunctionen selbständigen Organen in der Weise zur Ausübung zu übertragen, daß sie vom Souverän völlig abgelöst werden, setzt sich mit dieser Idee in unlöslichem Widerspruch.[3]) Der constitutionelle Fürst kann und darf niemals neutral sein;[4]) er hat die Macht und das Recht, selbst zu regieren, wenn auch dafür gesorgt wird, daß er die Grenzen seiner Rechte und Pflichten nicht willkürlich überschreite. Auch in der constitutionellen Monarchie muß die leitende Centralgewalt im Königthum liegen, und die Idee der Ministerverantwortlichkeit ist, wie unsere späteren Erörterungen nachweisen werden, damit ebensowenig incompatibel, als die concurrirende Theilnahme anderer Factoren an der Ausübung der im Monarchen verpersönlichten Staatsgewalt.

Unverkennbar von der Constant'schen Theorie beeinflußt, wenn auch in der Entwicklung und den Resultaten wesentlich von derselben abweichend, erscheint die Ansicht eines neueren Schriftstellers, welche eine um so genauere Prüfung erheischt, als sich hinter dem glänzend schillernden und mit constitutionellen Phrasen reich verzierten Gewande derselben der Absolutismus verbirgt. Stein stellt zwar

---

[1]) Stahl, Das monarchische Princip, S. 9, 10.

[2]) Bluntschli im Staatswörterbuch, II, S. 625.

[3]) H. A. Zachariae, Deutsches Staats- und Bundesrecht, I, S. 80.

[4]) Dies mag wohl auch Constant gefühlt haben, wenn er, Additions et Notes (Laboulaye, I, S. 297) sagt: „Quand le roi voit un ministre prêt à faire une faute, il ne reste pas impassible. Il ne laisse pas commettre une faute dont la nation porterait la peine. Il ne force pas son ministre, mais il le renvoie avant que la faute ne soit commise." Vergl. Eötvös, Der Einfluß der herrschenden Ideen des 19. Jahrh. auf den Staat, II, S. 384.

an die Spitze seiner Betrachtungen den richtigen Grundsatz, daß jede Action im Staate vom Monarchen, als dem individuellen Träger der Staatspersönlichkeit, ausgehen, im Namen desselben geschehen müsse, will jedoch scharf unterscheiden zwischen Functionen, welche das Staatsoberhaupt individuell, unabhängig von jedem Einfluß der verantwortlichen Regierungsorgane, vollziehen, und solchen, bei deren Ausübung es an die Mitwirkung der Regierungsorgane gebunden sein soll.[1]) Die Nothwendigkeit einer solchen Trennung zwischen dem, wie er es nennt, „Vollziehungsrecht des Staatsoberhauptes" und der eigentlichen Regierungsgewalt wird durch folgendes Raisonnement darzuthun versucht: es sei ein absoluter Widerspruch, daß das Staatsoberhaupt, welches zugleich das Haupt des persönlichen Staatswillens sei, mit dem in ihm lebendigen Staatswillen in Widerspruch trete, d. h. Unrecht thun könne. Die Möglichkeit eines solchen Widerspruchs sei aber mit dem Auftreten des Gegensatzes von Gesetz und Verordnung gegeben, indem der Monarch bei der Gesetzgebung durch die Mitwirkung der Volksvertretung beschränkt ist. Dieser Widerspruch müsse dadurch gelöst werden, daß denjenigen Handlungen des Souveräns, „welche mit der Verfassung in Widerspruch treten können," durch die formelle Zustimmung der Regierungsorgane die Natur der individuellen Handlung entzogen wird, daß hingegen jene Acte, „welche das Staatsoberhaupt individuell vollziehen kann," Gesetzeskraft haben.[2]) Daraus ergebe sich dann der Satz: der König kann nicht Unrecht thun — in dem einen Falle, weil die Handlung den Charakter der persönlichen Thätigkeit des Fürsten verloren habe, in dem andern, weil der persönliche Wille desselben Gesetz sei. Das Gebiet des persönlich freien, von der Volksvertretung und den Regierungsorganen unabhängigen „Vollziehungsrechts" des Staatsoberhaupts soll aber, ohne daß, wie Stein behauptet, durch diese Aufzählung eine verfassungsmäßige Beschränkung begründet werde, folgende Kategorien von Rechten umfassen: „den Oberbefehl über Alles, was das Heerwesen betrifft," die Gnadenverleihungen und Begnadigungen, die Anstellungen und Berufungen und das sogenannte Nothrecht des Staats.[3])

---

[1]) Stein, Verwaltungslehre, I, S. 86.

[2]) Derselbe, S. 87.

[3]) Derselbe, S. 88, 89.

Bei Prüfung dieser Ansicht wird es zunächst unsere Aufgabe sein, durch eine genaue Zergliederung die mannigfachen Widersprüche aufzudecken, in welche sich der Vertheidiger derselben verwickelt. Stein will auch in der constitutionellen Monarchie den Satz: „der König kann nicht Unrecht thun,“ buchstäblich aufrecht halten, bewegt sich jedoch mit seiner Argumentation in einem circulus vitiosus. Denjenigen Handlungen des Souveräns, behauptet er, welche mit der Verfassung in Widerspruch treten können, müsse die Natur der individuellen Handlung entzogen werden. Nun ist es aber einleuchtend, daß sämmtliche Kategorien von Rechten, welche er in das Gebiet des persönlichen, vom Ministerium unabhängigen Vollziehungsrechts des Fürsten verweist, mit der Verfassung in Widerspruch treten, die Integrität und Existenz derselben bedrohen können. Das Staatsoberhaupt kann durch den ohne Verantwortlichkeit auszuübenden „Oberbefehl über Alles, was das Heerwesen betrifft“, die Verfassung verletzen, wenn es z. B. die verfassungsmäßig vorgeschriebene Kriegsdienstpflicht abändert oder die Mannschaft länger als die gesetzlich vorgeschriebene Zeit unter den Fahnen hält; ebenso wird es verfassungswidrig handeln, wenn es Personen Staatsämter überträgt, welche die durch die Verfassung vorgeschriebenen Qualificationen nicht besitzen, wenn es das Begnadigungsrecht im Widerspruch mit den Bestimmungen des Grundgesetzes, z. B. in Bezug auf eine Privatstrafe, ausüben würde; endlich könnte durch mißbräuchliche, in keinem wirklichen Nothstand begründete Anwendung der ebenfalls ohne Mitwirkung verantwortlicher Organe vom Fürsten auszuübenden Nothrechts der ganze Rechtszustand erschüttert, die Verfassung in ihrer Existenz bedroht werden.[1]) In der That ist auch kein vernünftiger Grund abzusehen, weshalb eine Unterscheidung zwischen den verschiedenen Functionen des Souveräns gemacht werden soll, von denen einzelne mit, andere aber ohne Verantwortlichkeit des

[1]) Unter Nothrecht versteht Stein „das Recht der Staatsgewalt, an Stelle des Gesetzes den Willen der Vollziehung zu setzen“. Als Beschränkung des „Belagerungszustandes“ will er nur den Rechtssatz anerkennen, daß dadurch die verfassungsmäßige Thätigkeit des „gesetzgebenden Körpers“ nicht aufgehoben werden dürfe. Stein wirft hier offenbar wieder verschiedene Begriffe untereinander. Er unterscheidet nicht zwischen dem eigentlichen Nothstand des Staats, dem Rechte der provisorischen Gesetzgebung und dem gesetzmäßig regulirten Belagerungszustande. Deshalb ist der Sinn der von ihm aufgestellten Beschränkung eben so dunkel wie die Definition des Nothrechts zweideutig ist.

Ministeriums ausgeübt werden sollen.[1]) Alle politischen Rechte des Monarchen sind gleich und Ausfluß derselben Staatsgewalt, und das constitutionelle Princip verlangt, daß keines derselben ohne Verantwortlichkeit ausgeübt werde. Durch eine derartige unnatürliche Scheidung würden außerdem die unschätzbaren Vortheile, welche in der Ministerverantwortlichkeit für den Regenten sowohl wie für die Regierten liegen, völlig aufgehoben werden. Die ohne Mitwirkung der verantwortlichen Regierungsorgane vom Fürsten auszuübenden Rechte würden nur neue Conflicte herbeiführen,[2]) das Odium der schlechten Regierungsmaßregeln wieder auf den Fürsten wälzen, den Ministern, welche in den Fällen des sogenannten persönlichen Vollziehungsrechts des Fürsten nicht mehr selbständig zu prüfen, sondern unbedingt zu gehorchen hätten, einen willkommenen Vorwand zur Umgehung ihrer eigenen Verantwortlichkeit bieten — mit einem Worte zum Absolutismus führen.[3]) In der constitutionellen Monarchie handelt es sich

---

[1]) Stein, S. 102, beruft sich zur Begründung seiner Ansicht auf die Autorität Constant's, welcher die Ministerverantwortlichkeit als die unlöslichste aller Fragen bezeichne, wenn man die königliche Gewalt nicht von der Regierungsgewalt scheide. Schon diese Berufung zeigt, wie dies übrigens aus Stein's Darstellung vielfach hervorgeht, daß er diesen Schriftsteller total mißverstanden hat. Die Auffassung Constant's hat ihren innersten Grund in dem auch von Stein bekämpften Princip der Gewaltentheilung und wird mit der Perhorrescirung desselben hinfällig. Sobald man von der Einheit der Staatsgewalt und deren Conzentration in der Person des Monarchen ausgeht, ist jede derartige Unterscheidung unzulässig. Außerdem besteht doch noch ein wesentlicher Unterschied zwischen den Rechten, welche Constant der „pouvoir royal" und jenen, welche Stein dem Fürsten zur persönlich freien Ausübung einräumt. Während sich Constant gerade dadurch, daß er dem Monarchen nur unbedeutende Rechte überläßt und die wichtigsten Regierungsfunctionen von ihm ablöst, mit dem Begriff der Monarchie in Widerspruch setzt, würde die Ansicht Stein's, nach welcher die wichtigsten Rechte vom Fürsten ohne Mitwirkung verantwortlicher Organe ausgeübt werden sollen (durch die Aufzählung dieser Rechte soll ja nicht einmal eine verfassungsmäßige Beschränkung begründet werden) zum Absolutismus in allen wesentlichen Dingen führen.

[2]) Stein, S. 88, selbst giebt zu, daß der Keim zu Gegensätzen zwischen Fürst und Volk vorhanden sei, wenn man den persönlichen Acten des Souveräns, für welche Niemand die Verantwortlichkeit trägt, Gesetzeskraft verleiht. Wenn er aber hinzufügt, daß bei einem inneren harmonischen Verhältniß jede formelle Bestimmung überflüssig sei, so möchte man ihn, der in so schroffer Weise gegen die casuistische Art Mohl's und gegen das geist- und principlose Paragraphensammeln Zöpfl's polemisirt, doch daran erinnern, daß mit solchen allgemeinen Phrasen der Wissenschaft noch weniger gedient ist.

[3]) Bülau, die Behörden in Staat und Gemeinde, S. 139.

aber auch gar nicht darum, den Satz: „der König kann nicht Unrecht thun," buchstäblich wahr zu machen, indem man, wie in der absoluten, seinem persönlichen Willen Gesetzeskraft verleiht, sondern ihre Aufgabe ist es, den Fürsten, welcher Unrecht thun kann, am Unrechtthun zu verhindern. Die constitutionelle Monarchie geht im Gegensatz zur absoluten, wo jede Willensäußerung des Fürsten Gesetzeskraft hat und daher begrifflich jedes Unrecht ausgeschlossen ist, davon aus, daß der Fürst Unrecht thun kann, weil er verpflichtet ist, Gesetz und Recht zu achten, und nicht nach persönlicher Willkür, sondern im Interesse des Volkes zu regieren. Die persönliche Unverantwortlichkeit des Monarchen ist nicht die Folge des Satzes: „the king can do no wrong," sondern dieser Satz bezeichnet nur die Unmöglichkeit, den Höchsten im Staate, weil er eben der Höchste ist, persönlich für seine Regierungshandlungen zur Rechenschaft zu ziehen. Die constitutionelle Monarchie sucht aber indirect die Erfüllung der Regentenpflichten zu sichern und den aus der persönlichen Unverantwortlichkeit des Staatsoberhaupts möglicherweise hervorgehenden Gefahren zu begegnen, indem sie die Rechtsgiltigkeit aller Regierungshandlungen des Souveräns von der Zustimmung und Mitwirkung verantwortlicher Minister abhängig macht. Durch diese gesetzlich vorgeschriebene Zustimmung der Minister zu den Regierungsacten des Fürsten wird ihnen aber nicht, wie Stein behauptet, der Charakter der persönlichen Handlung des Fürsten entzogen;[1]) immer ist es der Monarch, welcher den Regierungsacten seine Autorität verleiht, und die Minister sind nur seine unentbehrlichen Organe, welche für ihre aus freiem Antriebe ertheilte Zustimmung verantwortlich sind.[2])

§ 2.

Im schroffen Gegensatz zu der Constant'schen Theorie, welche die Ministerverantwortlichkeit auf die passive Stellung des Fürsten

[1]) Zu einer wie wenig klaren Auffassung des Verhältnisses Stein durchgedrungen ist, zeigt sich schon darin, daß er auf derselben Seite (87) von einem Entziehen der individuellen Natur der landesherrlichen Akte durch Zustimmung der Regierungsorgane und dann wieder von einer hypothetischen Zustimmung des Souveräns zu den Regierungsacten redet, so daß man nicht weiß, von wem dieselben eigentlich ausgehen. Nach Stein müßte die Definition eines Regierungsactes lauten: bedingte Zustimmung des Souveräns zu der formalen Zustimmung der Regierungsorgane.

[2]) Bluntschli, Allg. Staatsrecht, I, S. 434.

gründete und damit den eigentlichen Kern, das Wesen der Monarchie zerstörte, steht die zuerst von Buddeus aufgestellte, in neuerer Zeit ausführlich von Bischof vertheidigte Theorie der ministeriellen Verantwortlichkeit. Beide Schriftsteller, obwohl ihre Ansichten über die Ausdehnung dieser Verantwortlichkeit nach anderen Richtungen divergiren, stimmen doch in dem principiellen Punkte überein, daß auch in der constitutionellen Monarchie der Fürst der eigentlich active Träger der Staatsgewalt sei,[1]) und in den wesentlichen Consequenzen, welche sie aus diesem Satze ableiten. Es handle sich, behaupten sie, nur darum, durch eine wirksame Einrichtung den aus der Unverantwortlichkeit des Monarchen möglicherweise hervorgehenden Nachtheilen und Gefahren zu begegnen. Dieses Schutzmittel liege aber darin, daß dem unverantwortlichen Fürsten Minister zur Seite gestellt würden, deren er sich als unumgänglicher verfassungsmäßiger Organe bei allen seinen Regierungshandlungen bedienen müsse und welche für dieselben die Verantwortlichkeit trügen.[2]) Aus dem Princip der Selbstregierung des Fürsten folge nun aber, daß der Minister nicht für sein eigenes, sondern für das Verschulden des Souveräns einstehe. Die Idee der Ministerverantwortlichkeit, sagt Bischof ausdrücklich, erschöpfe sich darin, daß der Minister kein eigenes Verbrechen zu büßen habe, sondern nur jenes sühne, dessen Ahndung auf dem Souverän zu lasten hätte.[3]) Durch die Contrasignatur, welche als eine wesentliche Bedingung der Verantwortlichkeit bezeichnet wird, übernehme der Minister die Verantwortlichkeit und die Strafe für die landesherrlichen Acte, im Falle denselben ein verbrecherischer Charakter innewohne.[4]) Aus dem Zweck der Ministerverantwortlichkeit, die Unverantwortlichkeit des Monarchen unschädlich zu machen, schließen diese Schriftsteller ferner, daß die Verantwortlichkeit sich nur auf Handlungen des Souveräns beziehe, niemals aber auf die von den Ministern ohne oder gegen den Willen desselben innerhalb

---

[1]) Buddeus, Die Ministerverantwortlichkeit, S. 17; Bischof, Ministerverantw. und Staatsgerichtshöfe, S. 31.

[2]) Buddeus, S. 5.

[3]) Bischof, S. 30; Buddeus, S. 4, 5.

[4]) Bischof, a. a. O. — Die Fiction, daß der Fürst kein Unrecht thun könne, wird von dieser Theorie verworfen, weil dieselbe, wenn man ihr rechtliche Bedeutung beilege, zu einer Negation des Princips der Selbstregierung führe.

ihrer eigenen Amtscompetenz vorgenommenen Acte ausgedehnt werden dürfe.[1])

Indem wir zu einer kritischen Beleuchtung dieser Theorie übergehen, erkennen wir ihr gerne das ihr gebührende Verdienst zu, das Princip der Selbstregierung wieder energisch zur Geltung gebracht zu haben. Damit ist aber auch das Maß unseres Lobes erschöpft; denn die übrigen Behauptungen dieser Theorie erweisen sich bei einer unbefangenen Prüfung als ebenso viele Irrthümer. Den Schlüssel zum Verständniß und zur richtigen Beurtheilung derselben werden wir aber in einer kurzen Parallele mit der Constant'schen Ansicht finden, als deren extremen Gegensatz wir dieselbe im Eingange bezeichnet haben. Wir haben gezeigt, wie Constant den vermeintlichen Widerspruch zwischen der Irresponsabilität des Monarchen und der Verantwortlichkeit der Minister dadurch zu lösen suchte, daß er dem Ersteren eine neutrale und passive Stellung zuwies und die eigentliche Regierungsgewalt in die Hände der Letzteren legte. In den diametral entgegengesetzten Fehler verfällt die hier zu widerlegende Theorie. Da sie nämlich nicht allein die Fülle der Staatsgewalt in der Person des Monarchen concentrirt, sondern auch die gesammte Ausübung derselben, beraubt sie den Minister aller Selbständigkeit; sie drückt ihn nicht blos zu einem passiven Agenten, sondern zu einem Prügelknaben herab, dem der — nach absolutistischer Lehre vielleicht beneidenswerthe — Märtyrerberuf zufällt, sich für die Sünden seines Herrn strafen zu lassen.[2]) Diese Theorie schafft so, indem sie einen Schuldlosen die Strafen eines Schuldigen büßen läßt, ein monströses, mit allen „positiven und philosophischen Rechtsgrundsätzen"[3]) in grellstem Widerspruche stehendes Institut. Die Verurtheilung eines Ministers wäre thatsächlich nur die Verurtheilung des schuldvollen Monarchen, wobei nur der unschuldige Minister das Strafübel zu erdulden hätte.[4]) Das Ungereimte und

---

[1]) Buddeus, S. 17 ff.; Bischof, S. 30. Dieser Ansicht ist auch Held, Verfassungsrecht, II, S. 363, 367, insofern er die Contrasignatur als die essentielle Form zur Begründung der Verantwortlichkeit bezeichnet.

[2]) Zöpfl in den Heidelberger Jahrbüchern, 1859, S. 645.

[3]) Dies giebt sonderbarer Weise Buddeus, S. 5, selbst zu; er hat damit von vornherein den Stab über seine eigene Theorie gebrochen.

[4]) So sieht Bischof, S. 55, die Sache in der That an. Die plumpe Art, mit welcher dieser Schriftsteller das monarchische Princip vertheidigt, sowie dessen

Widersinnige dieser Auffassung ist so einleuchtend, daß dieselbe keiner ausführlichen Widerlegung bedarf. Indessen wird es doch nicht genügen, bei diesem negativen Resultate stehen zu bleiben. Wir müssen vielmehr den Beweis liefern, daß der Minister stets nur für seine eigenen Handlungen die Verantwortlichkeit trägt, und daß diese Annahme mit dem auch von uns anerkannten Princip der fürstlichen Selbstregierung wohl vereinbar ist. Fassen wir zu diesem Zwecke die verfassungsmäßige Stellung der Minister dem Staatsoberhaupte gegenüber etwas schärfer ins Auge. Fast alle neueren Verfassungen enthalten die ausdrückliche Vorschrift, daß alle fürstlichen Befehle und Verfügungen in Regierungs-Angelegenheiten zur Erlangung staatsrechtlicher Wirksamkeit der Zustimmung, beziehungsweise Mitwirkung von Ministern bedürfen, welche für ihre Theilnahme verantwortlich sind.[1]) Die Eigenthümlichkeit der ministeriellen Stellung beruht demnach darauf, daß der persönliche Wille des Souveräns erst durch die Zustimmung des Ministers rechtliche Kraft erhält. Der Minister hat als selbständiger Diener des Staats zu prüfen, ob die Befehle des Fürsten im Einklange stehen mit den Gesetzen und Interessen des Staats; er hat vor Allem die Pflicht, seine Mitwirkung zu widerrechtlichen und schlechten Regierungsacten zu verweigern, eventuell auf seine Stelle zu resigniren.[2]) Dadurch, daß die Minister, im Gegensatz zu dem übrigen Beamtenthum, als die höchsten Staatsdiener, weder durch den Befehl einer Oberbehörde, noch durch den persönlichen Willen des Monarchen gebunden sind, sondern zu allen Regierungsacten selbständig mitwirken müssen, wird nur der Kreis ihrer eigenen Handlungen und damit der Umfang ihrer Verantwortlichkeit ausgedehnt. Alle Regierungshandlungen des Monarchen sind gleichzeitig Handlungen der mitwirkenden Minister. Für die Frage der Verantwortlichkeit ist es juristisch ganz gleich, ob

würde- und anstandslose Polemik gegen den Constitutionalismus ist schon gebührend zurückgewiesen worden von Zöpfl in seinen trefflichen Bemerkungen in den Heidelb. Jahrb. 1859, S. 645 ff.

[1]) Ueber die eigentliche Bedeutung der Contrasignatur vergl. § 7.

[2]) Sehr treffend ist dieser übrigens selbstverständliche Satz ausgesprochen in dem Baierischen Gesetz über die Verantwortlichkeit der Minister vom 4. Juni 1848, Art. 7: „Hält der Vorstand eines Staatsministeriums eine ihm angesonnene Amtshandlung für gesetzwidrig oder dem Landeswohle nachtheilig, so ist er verpflichtet, dieselbe abzulehnen, beziehungsweise seine Gegenzeichnung unter schriftlicher Angabe der Gründe zu verweigern."

eine Anordnung individuell vom Minister oder vom Souverän unter Mitwirkung des Ministers ausgeht. In beiden Fällen ist es der Minister, welcher frei und selbständig gehandelt hat und für diese seine eigene Thätigkeit verantwortlich ist.[1]) Von einer Bestrafung eines Schuldlosen für einen Schuldigen kann nicht die Rede sein. Ein Minister, welcher zu einem gesetzwidrigen oder schlechten Regierungsacte des Souveräns mitwirkte, ist immer schuldig; er trägt sogar den größten Theil der Schuld, weil er durch seine Theilnahme die legale Existenz desselben erst ermöglichte.[2])

Die Annahme, daß der Minister für sein eigenes Verschulden verantwortlich ist, führt aber keineswegs, wie die hier bekämpfte Theorie behauptet, zu einer Negation des Princips der Selbstregierung. In dieser relativen Selbständigkeit, in diesem freien Prüfungsrecht der Minister liegt durchaus keine Schwächung der Regierungsgewalt des Monarchen. Die Ministerverantwortlichkeit hat überhaupt nicht die Tendenz, den Monarchen am Regieren zu hindern, sondern nur dafür zu sorgen, daß der den Gesetzen und Interessen des Staats widerstreitende persönliche Wille desselben, die Willkür, keine Vollziehung finde; die Ministerverantwortlichkeit soll dem Fürsten nicht die Macht entziehen, sondern den Gebrauch derselben in den Schranken der Pflicht sichern.

Der zweite Grundirrthum dieser Theorie besteht darin, daß sie in der Ministerverantwortlichkeit lediglich ein Correctiv für die Unverantwortlichkeit des Souveräns erblickt und daher die Verantwortlichkeit für jene Handlungen, welche die Minister ohne Befehl des Souveräns, innerhalb ihres selbständigen Geschäftskreises vornehmen, ausschließt.[3]) Die Ministerverantwortlichkeit ist allerdings dazu bestimmt, den Fürsten, soweit dies möglich, von willkürlicher Ueberschreitung seiner Pflicht abzuhalten, aber dies ist doch nur die eine Seite ihres Zweckes. Die Verantwortlichkeit der Minister wurzelt vielmehr in dem constitutionellen Princip, daß Jeder, dem eine öffentliche Gewalt anvertraut ist, persönlich für die pflichttreue Aus-

---

[1]) Zöpfl a. a. O.; Lagemans, S. 23; Kerkhove, S. 47.

[2]) Mohl, S. 76.

[3]) Wenn Bischof (S. 36), der die Minister doch die Strafen Anderer büßen läßt, es als „gesetz- und naturwidrig" bezeichnet, die Minister für ihre eigenen Handlungen verantwortlich zu machen, so gehört das zu jenen wunderlichen Begriffsverwirrungen, wie sie bei diesem Schriftsteller leider nicht selten sind.

übung derselben einstehen muß. Würde man eine solche Unterscheidung aufrichten und die Minister für ihre ohne Willen und Wissen des Monarchen vorgenommenen Acte unverantwortlich erklären, so wäre damit die ganze Ministerverantwortlichkeit illusorisch gemacht und dem Absolutismus wieder Thür und Thor geöffnet. Der Fürst würde nicht persönlich, sondern durch die den Ständen gegenüber unverantwortlichen, von ihm abhängigen Minister seine Gewalt mißbrauchen können.[1]) Die Minister aber wären nach dieser Theorie eigenthümliche Wesen doppelter Natur, zur Hälfte verantwortlich und zur Hälfte unverantwortlich, oder richtiger: halb Prügelknaben, halb persönliche Diener des Monarchen. In der That besteht aber, wie wir nachgewiesen zu haben glauben, kein Unterschied zwischen den mit oder ohne Willen des Staatsoberhaupts von den Ministern ausgehenden Handlungen; in beiden Fällen handelt der Minister selbst und trägt naturgemäß die Verantwortlichkeit für seine eigene Handlung.

§ 3.

Wir haben endlich noch unter dieser Rubrik die Ansichten derjenigen zu prüfen, welche als gesetzliche Fiction aufstellen, daß der Souverän kein Unrecht thun könne oder thun wolle, daß daher jedes von ihm ausgehende Unrecht stets als eine Folge der schlechten Berathung, der positiven oder negativen Pflichtverletzung der Minister zu betrachten sei. Diese von Montesquieu[2]) zuerst aufgestellte Ansicht ist nicht nur von einzelnen deutschen Schriftstellern[3]) adoptirt worden, sondern hat auch in ein positives Gesetz Eingang gefunden.[4])

---

[1]) Kerkhove, S. 43: „L'absolutisme ne ferait que changer de forme; le monarque exercerait le pouvoir absolu, non par lui-même, mais par l'intermédiaire de ses ministres." Vergl. Zöpfl a. a. O.

[2]) De l'esprit des lois, Tom. I, liv. XI, chap. VI, S. 259: „Mais comme celui qui exécute ne peut rien exécuter mal sans avoir des conseillers méchans et qui haïssent les lois comme ministres, quoiqu'elles les favorisent comme hommes, ceux-ci peuvent être recherchés et punis."

[3]) Rotteck in Aretin's const. Staatsrecht, Bd. III, S. 209; Zöpfl, Grundsätze des gem. deutschen Staatsrechts, II, § 406, S. 426; derselbe in den Heidelb. Jahrb., S. 645.

[4]) Einleitung des großherz. hessischen Gesetzes über die Verantwortlichkeit der Minister, vom 5. Juli 1821: „Da Befehle, welche zu gesetzwidrigen Handlungen

Daß auch diese Theorie den für unsere Lehre verhängnißvollen Satz: „der König kann nicht Unrecht thun," falsch auffaßt und denselben in eine durchaus verkehrte Beziehung zur Ministerverantwortlichkeit bringt, wird sich ergeben, wenn wir uns die Consequenzen derselben zu vergegenwärtigen suchen. Zunächst setzt sich diese Theorie, indem sie aus der von ihr rechtlich fingirten Unfähigkeit des Souveräns zu einer schlechten Regierungshandlung die Folgerung ableitet, daß jedes fürstliche Unrecht in einer schlechten Berathung, in einem Verschulden der Minister seinen Grund habe, mit dem Princip der Selbstregierung insofern in Widerspruch, als der Monarch nur als Irregeführter und Mißleiteter, der Minister aber als eigentlicher Urheber der Regierungsacte erscheint. Sodann würde die obige Fiction, wenn man ihr rechtliche Bedeutung beilegen wollte, nothwendig dazu führen, den Minister für jedes, auch ohne seinen Willen und seine Mitwirkung vom Monarchen ausgehende Unrecht verantwortlich zu machen; sie könnte überhaupt nur ein einziges Vergehen der Minister begründen: die Nichtaufklärung des Irrthums des Fürsten, vermöchte aber nicht die Strafbarkeit der eigentlichen Mitwirkung zum schlechten Regierungsacte zu rechtfertigen;[1]) noch weniger wäre es möglich, die Verantwortlichkeit der Minister für die von ihnen allein ausgehenden Handlungen aus diesem Princip abzuleiten.

Wir haben schon früher nachgewiesen, daß die Fiction: „der König kann nicht Unrecht thun," nicht in dem Sinne aufgefaßt werden dürfe, als ob derselbe überhaupt unfähig zur Begehung einer widerrechtlichen Handlung sei. Aus dem Begriff der Souveränetät folgt nicht, daß der Fürst nur das Gute thun will und thun kann, sondern nur die Unmöglichkeit, ihn für seine Regierungshandlungen persönlich zur Verantwortung zn ziehen. Die Verantwortlichkeit des persönlichen Trägers der höchsten Staatsgewalt kann nur eine ideale sein, und der Satz: „the king can do no wrong," drückt nichts Anderes aus, als die Unmöglichkeit einer rechtlichen Realisirung

---

oder zur Verletzung unserer den Ständen gegebenen Zusagen führen könnten, nie von Unserem Willen ausgehen, sondern nur in einem Mißverständnisse gegründet sein können, dessen Aufklärung Wir als eine Pflicht Unserer obersten Staatsdiener und Staatsbehörden betrachten — —"

[1]) Bischof, S. 31.

dieser Verantwortlichkeit.[1]) Die Fiction dieser Theorie, welche, wie alle Rechtsdichtungen, leicht zu verhängnißvollen Irrthümern führt und geführt hat, ist aber nicht allein unrichtig, sondern erscheint außerdem als völlig irrelevant und überflüssig für die Begründung der Ministerverantwortlichkeit. Der Minister ist nicht allein als Rathgeber des Monarchen, sondern überhaupt für seine eigene Mitwirkung zu den landesherrlichen Regierungsacten verantwortlich; er ist aber auch nur dann verantwortlich, wenn er wirklich an dem Acte Theil genommen. Der Umstand, daß der Urheber des Regierungsactes, der Monarch, persönlich irresponsabel ist, kann nach allgemeinen Rechtsgrundsätzen nicht den geringsten Einfluß auf die Schuld und die Verantwortlichkeit der Minister haben, weil diese selbständig und freiwillig mitwirken, und durch ihre frei ertheilte Zustimmung zu den fürstlichen Regierungshandlungen, welche gegen die Gesetze und Interessen des Staats verstoßen, sich immer einer Pflichtverletzung schuldig machen.[2])

Durch unsere bisherigen Erörterungen glauben wir die irrigen Anschauungen über das rechtliche Verhältniß des Staatsoberhaupts zu den Ministern, soweit dieselben für unsere Frage bestimmend geworden sind, genügend widerlegt zu haben, und wir wenden uns nunmehr zu einer kritischen Prüfung jener Theorien, deren unzureichende Ergebnisse in einer irrthümlichen oder ungenauen Auffassung des Verhältnisses von Regierung und Volksvertretung ihren Grund haben.

---

[1]) Von privatrechtlichen Vorstellungen befangen erscheint die Ansicht Enyrim's, Verantwortlichkeitsfrage, S. 8, welcher die Unverantwortlichkeit des Monarchen darauf stützt, daß die Staatsgewalt demselben zu eigenem Rechte zustehe, und daß Niemand über den Gebrauch seines Rechts Rechenschaft zu geben verpflichtet sei.

[2]) Enyrim, Verantwortlichkeitsfrage, S. 5; Mittermaier im Ausschußbericht, S. 149.

II.

Das Verhältniß der Regierung zur Volksvertretung.

§ 4.

Schon Montesquieu[1]) hat die Verantwortlichkeit der Minister gegenüber der Volksvertretung durch die Behauptung zu begründen versucht, daß dem legislativen Körper das Recht zustehen müsse, über die Ausführung der von ihm gegebenen Gesetze durch die Executive zu wachen. Diese Ansicht ist seither von vielen Schriftstellern[2]) adoptirt und eifrig verfochten worden, die allerdings nicht, wie Montesquieu, die Gesetzgebung als ausschließliche Sache der Volksvertretung ansehen, aber doch behaupten, nichts sei natürlicher, als daß jener Factor, welcher mit dem Monarchen bei der Gesetzgebung concurrire, die Befugniß in Anspruch nehme, die Regierung, welche in den Ministern persönlich repräsentirt erscheine, in der Ausführung der Gesetze zu überwachen und geeigneten Falles zur Rechenschaft zu ziehen.[3]) Das Anklagerecht der Volksvertretung gegen die Minister erscheint darnach als ein Schutzmittel ihres gesetzgeberischen Wirkungskreises, weil jede Verletzung der unter Mitwirkung der Volksvertretung entstehenden Gesetze sich als eine Schmälerung der Volksvertretung selbst darstelle.[4])

---

[1]) De l'esprit des lois, Tom. I, liv. XI, chap. VI, S. 259: „Mais si dans un État libre, la puissance legislative ne doit pas avoir le droit d'arrêter la puissance exécutrice, elle a droit, et doit avoir la faculté d'examiner de qu'elle manière les lois qu'elle a faites ont été exécutées."

[2]) Wir heben hervor: Dahlmann, Politik, S. 98; Lagemans, De leer der ministeriële Verantwoordelijkheid, S. 17 ff.; Rößler, Studien zur Fortbildung der preußischen Verfassung, II, S. 71 ff.; Stein, Verwaltungslehre, I, S. 93 ff.

[3]) Lagemans a. a. O.

[4]) Dieses Moment wird besonders betont von Rößler a. a. O.

Wenn wir diese Ansicht genauer prüfen, so läßt sich zunächst nicht in Abrede stellen, daß sie insofern einen Kern von Wahrheit enthält, als die Ueberwachung der Organe der Regierung in Ausführung der Gesetze einen Zweig des der Volksvertretung nothwendigerweise zustehenden Controlrechts über die gesammte Verwaltung der Staatsgeschäfte bildet. Dennoch stellen sich dieser Theorie nach unserem Ermessen Bedenken entgegen, welche sie als durchaus ungenügend und unzureichend erscheinen lassen. Ihr Hauptfehler liegt darin, daß sie wohl eine Verantwortlichkeit der Regierungsorgane für die Ausführung der Gesetze, nicht aber aus einem einheitlichen Grundsatz heraus eine Verantwortlichkeit für die gesammte staatliche Thätigkeit derselben zu begründen vermag.[1]) Die Regierung ist nicht blos ein Organ zur Ausführung der Gesetze; ihre Thätigkeit erstreckt sich vielmehr auf eine Menge von durch das Gesetz nicht im Einzelnen normirten Verhältnissen, welche tief in das Wohl und Wehe des Volkes eingreifen. Gesetz und Recht bilden überhaupt nur die äußeren Schranken, innerhalb welcher die im Vollbesitze der Staatsmacht befindliche Regierung sich frei bewegt. Die Regierungsorgane haben aber nicht nur die gesetzlich gezogenen Schranken zu achten, sondern auch die positive Pflicht, für die Wohlfahrt und die Interessen des Staats, für das materielle Gedeihen des Volkes zu

---

[1]) Schärfer tritt dieser Mangel bei Stein hervor, welcher die Verantwortlichkeit noch mehr einengt, indem er dieselbe auf den Gegensatz von Gesetz und Verordnung gründet. Das Ministerium, in welchem dieser Schriftsteller (S. 305) nur eine befehlende und verordnende Behörde sieht, sei für die Harmonie seiner Verordnungsgewalt mit der Gesetzgebung verantwortlich. Dabei unterscheidet er jedoch die Fälle, in welchen die Verordnung mit der Gesetzgebung als solchen in Widerspruch tritt, von jenen, wo ein durch das Gesetz erworbenes Recht eines Einzelnen verletzt wird, und verweist die letzteren in das Gebiet des Klag- und Beschwerderechts. Vergl. S. 93—95. Es ist dies eine unrichtige, das Wesen der Verantlichkeit verkennende Anschauung. So wie die gesetzgeberische Thätigkeit der Volksvertretung nur einen Zweig, wenn auch die wichtigsten, ihres Berufes bildet, ebenso ist auf Seite der Regierung die Verordnung, wenn auch die wichtigste, so doch nur eine Form der Aeußerung ihrer Thätigkeit; die staatliche Thätigkeit der Regierung äußert sich außerdem noch in der mannigfaltigsten Weise. Auch ist das Ministerium nicht, wie Stein annimmt, eine rein entscheidende und verordnende Behörde, sondern es sind ihm auch positive gesetzliche Pflichten aufgelegt, für deren Erfüllung es verantwortlich sein muß. Nach der Theorie dieses Schriftstellers ist es überhaupt ein Widerspruch, wenn er, S. 100, auch eine Verantwortlichkeit für gesetzwidrige Unterlassungen anerkennt.

sorgen. Für die pflichttreue und gewissenhafte Realisirung dieser Zwecke müssen dieselben ebenso einstehen, wie für die pünktliche Beachtung der gesetzlichen Grenzen. Und je größer die Freiheit ist, welche man den Organen der Regierung zur Erfüllung ihrer Staatsaufgaben gewährt, je größer die reale Macht ist, die ihnen zur Erreichung staatlicher Ziele anvertraut wird, desto größer muß die auf denselben für Ausübung ihrer Functionen ruhende Verantwortlichkeit sein. Die Wahrheit dieser Sätze wird auch von einzelnen Vertretern der hier besprochenen Theorie anerkannt, und nur aus deren innerer Schwäche erklärt es sich, wenn jene unter ihren Vertheidigern, welche auch eine Verantwortlichkeit für die schlechten, dem Gesetze zwar nicht widerstreitenden, aber das Gemeinwohl gefährdenden Regierungsacte energisch fordern, entweder auf eine Begründung derselben ganz verzichten,[1]) oder nur nebenher durch eine Argumentation von höchst zweifelhaftem Werthe zu rechtfertigen versuchen. Als durchaus unzutreffend und mißlungen erscheint in dieser Richtung die Begründung Rößler's,[2]) welcher das Anklagerecht der Volksvertretung wegen der dem Staate nachtheiligen Handlungen der Minister auf die derselben zustehende Befugniß zur Bewilligung der Geldmittel und das daraus fließende Recht, die Erreichung der Ausgabezwecke zu überwachen, basiren will. Es könne, behauptet dieser Schriftsteller, einer Volksrepräsentation nicht zugemuthet werden, einem Minister, welcher den Staat schwer schädigte, Gelder zu bewilligen, und da dieselbe weder die Entfernung des Ministers verlangen, noch die Bewilligung von der Person desselben abhängig machen dürfe, so bleibe ihr nichts Anderes übrig, als die Klageführung vor einem vertrauenswerthen Gerichtshofe. Dieses Raisonnement ist durchaus hinfällig. Aus dem Rechte der Volksvertretung, die Staatsausgaben zu bewilligen, könnte logisch nur eine Berechtigung derselben gefolgert werden, die Minister wegen gesetzwidriger oder dem Zwecke nicht entsprechender Verwendung der bewilligten Gelder zur Verantwortung zu ziehen; aber keinesfalls kann daraus die Befugniß der Volksvertretung abgeleitet werden, die Minister auch wegen Handlungen rechtlich zu belangen, welche das Gemeinwohl beeinträchtigen, aber mit den Ausgaben in keinem Zusammenhange stehen.

[1]) So Dahlmann, S. 100; Lagemans, S. 50.

[2]) S. 73.

Ein zweiter Mangel dieser Theorie muß ferner darin gefunden werden, daß sie das Hauptgewicht auf die formelle Seite legt und in den gesetzwidrigen Regierungsacten der Minister nicht ein materielles Unrecht, sondern im Grunde nur eine Versäumung der Einholung der ständischen Zustimmung, also eine Schmälerung des zur Erzeugung der Gesetze mitwirkenden Organs erblickt.[1]) Allerdings tritt dann, wenn die Minister eine allgemeine Norm contrasigniren oder erlassen, zu welcher die Mitwirkung der Volksvertretung nothwendig wäre, die Außerachtlassung des ständischen Consenses mehr in den Vordergrund; allein auch hier liegt eine materielle Verfassungsverletzung vor. Wenn z. B. die Verfassung die Vorschrift enthält, daß eine Beschränkung der Freiheit der Presse nur auf dem Wege der Gesetzgebung erfolgen dürfe, und der Minister erläßt oder contrasignirt eine Verordnung, wodurch eine allgemeine Cautionspflicht eingeführt wird, so kann man hier mit Recht von einer Nichtbeachtung des ständischen Consenses sprechen, weil eben die Verletzung der Verfassung darin liegt, daß der Minister einen Act, zu welchem die verfassungsmäßige Mitwirkung der Volksvertretung nothwendig ist, eigenmächtig vornahm. Dagegen kann die Uebertretung des Gesetzes im einzelnen Fall immer nur als ein materielles Unrecht betrachtet werden, welches allerdings bei vorgängiger Einholung der ständischen Genehmigung hinwegfällt, weil dann keine Gesetzesverletzung vorläge, sondern dem Gesetz durch ein Specialgesetz derogirt wäre. Wenn daher, um ein ähnliches Beispiel zu gebrauchen, die Verfassung die administrative Beschlagnahme von Preßerzeugnissen verbietet, und der Minister ertheilt einer Polizeibehörde den Auftrag, ein bestimmtes Preßproduct mit Beschlag zu belegen, so wäre es lächerlich, hier von einer Außerachtlassung der ständischen Zustimmung, von einer Nichtbeachtung der gesetzlich vorgeschriebenen Formen zu reden.[2]) Es ist daher die Annahme, daß jede von den

[1]) Diese Auffassung wird vorzugsweise vertreten von Bischof, S. 42. Da der Monarch, behauptet er, Gesetzgeber sei, so könne niemals der Inhalt einer Verfügung eine Verfassungsverletzung begründen, sondern diese liege in der Außerachtlassung des ständischen Consenses. Es hängt diese Ansicht mit jener verkehrten, von uns bereits widerlegten Behauptung dieses Schriftstellers zusammen, daß der Minister nicht für sein eigenes, sondern für das Verschulden des Souveräns die Verantwortlichkeit trage.

[2]) Die entgegengesetzte Annahme würde zu den größten Absurditäten führen, denn da die Strafgesetze ebenfalls unter Mitwirkung der Volksvertretung zu

Ministern ausgehende Gesetzesverletzung eine Schmälerung der Volksvertretung involvire, durchaus schief und unhaltbar. Wäre diese Ansicht richtig, so würde zudem dasselbe von jeder Gesetzesverletzung überhaupt gelten und deshalb der Volksvertretung gegen Jeden, der das Gesetz übertritt, ein Klagerecht gewährt werden müssen. Das Anklagerecht der Volksvertretung gegen die Minister wurzelt aber nicht, wie wir später sehen werden, in ihrer Eigenschaft als gesetzgebender Factor, und nicht sie, sondern die Gerichte und die Staatsanwaltschaft sind berufen, die Gesetze zu schützen und die Rechtsordnung aufrecht zu erhalten.

§ 5.

Viel schärfer als alle bisher dargestellten Theorien hat einer der ausgezeichnetesten deutschen Staatsrechtslehrer in seiner umfassenden Monographie über unsere Lehre die Grundsätze der Ministerverantwortlichkeit aus dem Verhältniß der Regierung zur Volksvertretung zu entwickeln gesucht. Mohl geht von der Thatsache aus, daß die constitutionelle Monarchie einen gefährlichen Dualismus begründe, indem sie einem unverantwortlichen und erblichen Fürsten die Fülle der Staatsgewalt zuerkenne, und anderseits den Regierten negative Rechte, welche nicht verletzt werden sollen, einräume. Positives und negatives Recht stehe sich so mit Angriffs- und Vertheidigungswaffen gegenüber und es sei daher nothwendig, Einrichtungen zu treffen, um auf legalem und friedlichem Wege die von beiden Seiten möglichen Rechtsverletzungen des anderen Theils zu verhüten.[1]) Da aber die Verfassung das organische Gesetz sei, welches die Rechtssphären der beiden Factoren, des Fürsten und des Volkes, abgrenze, so müsse zum Schutze derselben eine Gerichtsbarkeit aufgerichtet werden, welcher sich — da der Fürst persönlich und die Volksvertretung als Ganzes unverantwortlich sind — die Vertreter der beiden Staatsbeamte, die bei den Regierungsacten des Fürsten

---

Stande kommen, so hätte ein Minister, der ein gemeines Verbrechen beging, sich nur der Nichteinholung des ständischen Consenses zur Aufhebung oder Abänderung des von ihm übertretenen Strafgesetzes schuldig gemacht.

[1]) Mohl, Die Verantwortlichkeit der Minister in Einherrschaften mit Volksvertretung, S. 3—8. Derselbe Gesichtspunkt findet sich übrigens auch bei Schriftstellern, welche einem andern Princip huldigen, so bei Rößler, S. 41, 42, und Kerkhove, S. 31, 32.

mitwirkenden Minister und die einzelnen Repräsentanten des Volkes zu unterwerfen hätten.[1]) Dem Monarchen müsse daher einerseits das Recht zustehen, wegen der von den Volksvertretern gemachten Angriffe auf seine verfassungsmäßigen Rechte bei dem zum Schutze des Grundgesetzes bestimmten Gerichtshof Klage zu erheben,[2]) und ebenso müsse der Volksvertretung, welche berufen sei, die verfassungsmäßigen Rechte des Volkes zu wahren, ein Klagerecht wegen der von den Regierungsorganen ausgehenden Verletzungen der Verfassung zustehen.[3])

Jedoch auch diese Theorie vermag nicht einer unbefangenen und genauen Prüfung Stand zu halten. Schon die Gegenüberstellung von Fürst und Volk als zwei aufeinander eifersüchtige, sich in ihren Interessen gegenseitig bedrohende Elemente erscheint unstatthaft, denn nach dem Begriffe der constitutionellen Monarchie sind sie vielmehr gemeinsam wirkende Glieder eines organischen Ganzen.[4]) Die constitutionelle Manarchie, obgleich historisch ein Product des Mißtrauens gegen die Fürstengewalt, begründet durch die Heranziehung des Volkes zur Besorgung seiner öffentlichen Angelegenheiten keinen gefährlichen Antagonismus, sondern erhebt sich eben dadurch zur höheren, lebenskräftigen und veredelten Form der Monarchie. Auf eine Verkennung des richtigen Verhältnisses von Regierung und Volksvertretung beruht auch die Parallelisirung dieser beiden großen Organe für die Frage der Verantwortlichkeit. Die Verantwortlichkeit der Regierung wurzelt darin, daß ihr zur Erfüllung ihrer staatlichen Aufgabe naturgemäß die ganze Fülle der Herrschaft und der realen Mittel des Staats anvertraut ist, von denen sie einen guten oder schlechten Gebrauch machen kann. Nur dieses Moment ist hier entscheidend. Der einzelne Volksvertreter hat keine Gewalt und keine Macht, und eine Verantwortlichkeit desselben, außer der gemeinrechtlichen, wäre ganz überflüssig, da die letztere vollständig ausreichen würde,[5]) wenn es nicht sogar geboten erschiene, die

---

[1]) Mohl, S. 36 ff.

[2]) Derselbe, S. 59.

[3]) Derselbe, S. 227, 228.

[4]) Hegel, Grundlinien der Philosophie des Rechts, S. 387; A. Möhl, Ueber das Repräsentativsystem, S. 19.

[5]) Auch die Beispiele von Verfassungsverletzungen der Volksvertreter, welche Mohl, S. 60, anführt, erscheinen durchaus unzutreffend. Wer an einer illegal

gemeinrechtliche Verantwortlichkeit in Bezug auf die Berufsthätigkeit der Volksvertreter einzuschränken. Es ist kein bloßer Zufall, daß fast alle Verfassungen der Welt [1]) nicht nur keine andere als die gemeinrechtliche Verantwortlichkeit der Volksvertreter kennen, sondern noch bestimmte Cautelen zum Schutze derselben für jene Fälle festsetzen, wo eine in ihrer Berufsausübung vorgenommene Handlung in den Bereich eines Strafgesetzes fällt.[2]) Diese Unverantwortlichkeit der Volksvertreter ist allerdings nicht, wie die des Monarchen, eine logische Consequenz des Souveränitätsbegriffs; sie folgt auch nicht aus ihrer Eigenschaft als Vertreter des Volkes, sondern wird lediglich durch specielle politische Gründe gerechtfertigt. Vorzugsweise ist hier die Rücksicht entscheidend, daß bei der außerordentlichen Dehnbarkeit unserer Strafgesetze jede Mißtrauensäußerung gegen die Regierung als Beleidigung derselben, jeder scharfe Tadel der Minister als Verletzung ihrer Amtsehre aufgefaßt und gar bald jede freie und selbständige Thätigkeit und Wirksamkeit der Volksvertretung total gelähmt werden könnte.[3]) Auch reicht hier die Disciplinargewalt des Hauses vollständig aus, da es in den meisten Fällen, wo

---

zusammengesetzten Versammlung Theil nimmt, wer nach geschehener Auflösung die Berathung und Beschlußnahme fortsetzt, handelt gar nicht mehr in seiner Eigenschaft als Volksvertreter und ist als Privatmann den gewöhnlichen Gesetzen unterworfen.

[1]) Eine merkwürdige Ausnahme, welche wohl für Mohl's Ansicht bestimmend geworden ist, bildet die Würtembergische Verfassung von 1819, welche im Art. 199 eine Anklage der Regierung gegen Ständemitglieder gestattet. Vergl. auch Braunschweig, Neue Landschaftsordnung 1832, § 109.

[2]) Irrig ist die Behauptung Mohl's, S. 61, Not. 12, daß in England und Amerika auch gegen Volksvertreter ein impeachment zulässig sei. In England kann wohl, wie überhaupt gegen Jeden, auch gegen Commoners ein impeachment angestellt werden, jedoch nicht wegen ihrer Berufsthätigkeit. Art. 9 der Bill of right lautet ausdrücklich: „That the freedom of speech and debates or proceedings in Parliament out not to be impeached or questioned in any court or place out of Parliament.“ — Die Verfassung der vereinigten Staaten gestattet nur ein impeachment gegen Civilbeamte, und schon 1799 wurde entschieden, daß ein Senator nicht als civil officer betrachtet werden könne und daher nicht impeachable sei. Vergl. Story, Commentaries, I, S. 550; T. Walker, Introduction to American law, S. 92.

[3]) Vergl. darüber den interessanten Aufsatz von Herrmann: „Ueber die strafrechtliche Verfolgung der Mitglieder der Ständeversammlung“, im Archiv für Criminalrecht (Neue Folge, Jahrg. 1853), S. 341—391.

die Volksvertreter in der berufsmäßigen Erfüllung ihrer Pflichten und in ihrem Eifer und Streben für das Wohl des Staats die Grenzen des Erlaubten überschreiten, an jeder dolosen Absicht fehlen wird.[1])

Geht aber die Theorie Mohl's in Hinsicht der dieser Verantwortlichkeit zu unterwerfenden Personen zu weit, so schränkt sie materiell dieselbe wieder so ein, daß bei ihr die Mängel, welche wir in der im vorigen Paragraphen bekämpften Theorie kennen lernten, noch viel schärfer hervortreten. Sie vermag, indem sie nur die eine Seite des Berufs der Volksvertretung, Schutz der Volksrechte, im Auge hat, nur eine Verantwortlichkeit der Regierungsorgane wegen Verletzung der Verfassung zu begründen, und genau genommen auch diese nur theilweise, weil die in den Verfassungen festgestellten politischen Rechte der Unterthanen nicht allein den Schutz der Freiheitsrechte zum Zweck haben. Im Uebrigen muß allerdings zugegeben werden, daß die Wahrung der Integrität des Grundgesetzes eine der wichtigsten Aufgaben der Volksrepräsentation ist, aber damit ist die Aufgabe der letzteren den Regierungsorganen gegenüber nicht erschöpft. Denn sowie das Volk in der constitutionellen Monarchie nicht blos das Recht hat, nach der Verfassung, sondern auch nach den Gesetzen und gut regiert zu werden,[2]) so hat die Volksvertretung nicht allein die Verfassungsmäßigkeit des Regiments zu controliren, sondern ihre Controle erstreckt sich auf den Gang des gesammten Staatsorganismus, und deshalb muß, soll eine durchgreifende Garantie vorhanden sein, naturgemäß die gesammte Thätigkeit der Regierungsorgane in den Bereich dieser Verantwortlichkeit fallen.[3]) In Wahrheit vermag man nicht einzusehen, weshalb nicht für die pünktliche Beachtung der übrigen Gesetze des Staats durch die

---

[1]) Darin stimmen wir mit Mohl, S. 10, überein, daß die Auflösung der Volksvertretung, wodurch die einzelnen Volksvertreter ihre Eigenschaft als solche verlieren, nicht, wie dies vielfach geschehen, als Bestrafung aufgefaßt und mit der Ministeranklage parallelisirt werden dürfe. Die Auflösung hat mit der Ministeranklage nur gemeinsam, daß sie ebenfalls ein äußerstes Mittel ist; weiter aber reicht die Parallele nicht.

[2]) Bluntschli, Allgem. Staatsrecht, I, S. 527.

[3]) Mohl selbst erkennt jetzt an, daß die Volksvertretung nicht allein die Rechte, sondern auch die Interessen der Regierten zu schützen hat. Vgl. Staatsrecht, Völkerrecht und Politik, I, S. 416 ff.

Regierungsorgane, für die gewissenhafte Erfüllung der ihnen vermöge der Natur des Staatsamtes obliegenden Pflichten ein gleich wirksamer Schutz, wie für die Verfassung, bestehen soll. Die wichtigsten Verhältnisse des Staats werden oft durch Verwaltungsgesetze normirt, deren pünktliche Einhaltung viel wichtiger erscheint, als die Befolgung der nicht selten unbedeutenden und überflüssigen Bestimmungen insbesondere der deutschen Verfassungen. Soll denn aber der Volksvertretung deswegen kein Rechtsmittel gegen die Regierungsorgane wegen Verletzung der oft die höchsten Interessen des Staats berührenden Gesetze zustehen, weil dieselben nicht in der Verfassungs-Urkunde enthalten oder als integrirende Bestandtheile derselben erklärt sind? In ganz ähnlicher Weise verhält es sich mit der übrigen Thätigkeit der Regierungsorgane, welche vorzugsweise eine politische ist. Frei waltend innerhalb der Schranken von Gesetz und Recht, hat die Regierung die Aufgabe und die Pflicht, für das Gemeinwohl zu sorgen, die Wohlfahrt des Staats zu fördern und die ihr anheimgestellten Interessen der Gesammtheit zu wahren. Indem man ihr die realen Mittel der Macht zur Erfüllung dieser Aufgabe anvertraut, muß sie für die pflichtmäßige Ausführung derselben ebenso einstehen, wie für die Beobachtung der Gesetze; denn alle öffentlichen Rechte der Staatsorgane bestehen nur im Interesse der Gesammtheit, sie sind zugleich Pflichten, für deren Erfüllung Rechenschaft gefordert werden muß.[1]) Einen wie wenig zureichenden Schutz aber das Princip der Verantwortlichkeit für Verfassungsverletzungen zu gewähren vermag, zeigt sich schon darin, daß der Hauptvertheidiger desselben selbst damit nicht ausreicht, und zu einer mit seinen Grundsätzen unvereinbaren Ausdehnung und Beschränkung der Verantwortlichkeit gedrängt wird. So ist es offenbar mit dem Satze, daß nur eine Anklage der Minister wegen Verletzung der Verfassung zulässig sei, unverträglich, wenn Mohl,[2]) um der naheliegenden Gefahr vorzubeugen, daß ein verfassungsfeindlicher Minister durch Andere Verfassungsverletzungen begehen lasse und sich mit Unkenntniß entschuldige, nicht nur eine Anklage des Ministers für statthaft erachtet, wenn derselbe eine von einem Anderen beabsichtigte Ver-

[1]) S. Brie, Die Legitimation einer usurpirten Staatsgewalt (I. Abtheilung, Heidelberg 1866) S. 53.

[2]) S. 137, 138.

fassungsverletzung, von der er rechtzeitig Kenntniß erhielt, nicht verhinderte, sondern auch dann, wenn der Minister zwar keine Kenntniß hatte, die Unkenntniß aber in einer Versäumung seiner Aufsichtspflicht oder sonstigen gesetzwidrigen Thätigkeit ihren Grund hatte.[1]) Denn kann schon das bloße Geschehenlassen, das Nichtverhindern eines Verbrechens, von dessen Bevorstehen man glaubhafte Kenntniß erhielt, nach allgemeinen Rechtsgrundsätzen nicht als Urheberschaft oder Theilnahme an dem nicht verhinderten Verbrechen, sondern nur als Delictum sui generis betrachtet werden, so hat die Nichtverhinderung eines Verbrechens aus Versäumniß der Aufsichtspflicht mit dem Verbrechen selbst nichts zu thun, sondern ist eben nur eine einfache Verletzung einer besonderen Pflicht.[2]) Die Nichtverhinderung einer Verfassungsverletzung, deren Bevorstehen der Minister wegen Versäumung seiner Aufsichtspflicht nicht erfuhr, könnte daher niemals eine Anklage gegen denselben begründen, weil hier keine Verletzung der Verfassung, sondern nur eine Außerachtlassung einer dem Minister vermöge der Natur seines Amtes obliegenden Pflicht vorliegt.[3]) Ebensowenig vermag Mohl dem Vorwurf der Inconsequenz zu entgehen, wenn er die Behauptung aufstellt,[4]) daß unter Umständen ein für den Staat erzielter Vortheil ein vollgiltiger Entschuldigungsgrund einer begangenen Verfassungsverletzung sein könne und daß es dem richterlichen Ermessen überlassen werden müsse, den Grad des erlangten Vortheils aus dem Gesichtspunkte des Staatswohls und nach dem Werthe der verletzten Verfassungs-

---

[1]) S. 139.

[2]) Das Gegentheil würde dazu führen, ein Polizeiorgan, das aus Versäumniß seiner Aufsichtspflicht von einem Morde, den es hätte verhindern können, keine Kenntniß erhielt, wegen Theilnahme an demselben zu bestrafen.

[3]) Principwidrig ist es daher auch, wenn Mohl (S. 248), der in Uebereinstimmung mit dem allgemeinen Grundsatze, daß die noch nicht rechtskräftig gewordenen Handlungen einer aufgelösten Ständekammer ihre Giltigkeit verlieren, die Annullirung eines gegen den Minister angestrengten, aber nicht beendigten Processes mit dem Momente der Auflösung annimmt, dennoch, um sich gegen wiederholte, willkürliche und unmotivirte Auflösungen zu schützen, eine Anklage gegen den zur Verhinderung neuer Klagestellung eine Auflösung contrasignirenden Minister gestatten will, da die Auflösung der Volksvertretung ein verfassungsmäßiges Recht der Krone ist und, selbst wenn aus den schlechtesten Motiven ausgeübt, doch deshalb niemals eine Verfassungsverletzung enthalten kann.

[4]) Vergl. S. 197–202.

bestimmung zu prüfen und den Minister eventuell freizusprechen; denn wenn als der ausschließliche Zweck des Instituts Schutz der verfassungsmäßigen Rechte des Volkes angesehen werden soll, liegt die Rücksicht auf einen etwa erlangten Vortheil völlig außerhalb des zu Grunde gelegten Princips, bringt einen ganz fremden Gedanken herein. Mohl freilich leitet die Verneinung der Frage, ob die Minister im Allgemeinen auch wegen Verletzung der Interessen des Staats zur Rechenschaft gezogen werden sollen, gar nicht aus seinem Princip ab, sondern gründet dieselbe nur auf die Erwägung, daß man für die Beurtheilung der Interessen, des Vor- und Nachtheils keinen Maßstab habe und hier Alles von den äußeren Umständen, von dem größeren oder geringeren Grad der Fähigkeiten des handelnden Ministers abhängig sei.[1]) Durch diese Ausführung, deren Unhaltbarkeit an einer anderen Stelle nachgewiesen werden wird, stellt er sich aber wieder in directen Widerspruch mit der eben erwähnten Ausdehnung des freien richterlichen Ermessens; denn überläßt man dem Richter die Prüfung und Beurtheilung der Handlung aus den Gesichtspunkten der Zweckmäßigkeit und des Gemeinwohls, wenn es sich um Entschuldigung einer Verfassungsverletzung handelt, so begreift man nicht, weshalb derselbe andererseits nicht im Stande sein soll, ein Schuldig auszusprechen, wenn er findet, daß die Minister ohne Verfassungsverletzung in pflichtwidriger Weise die Wohlfahrt des Staats geschädigt haben: in beiden Fällen handelt es sich um Beurtheilung der Interessen des Staats und nur in dem einen um einen Vortheil, in dem anderen um einen Nachtheil für denselben; dieser Unterschied kann aber unmöglich als ein wesentlicher erscheinen.

Einen im Wesentlichen gleichen Standpunkt wie Mohl nimmt ein großer Theil der deutschen Staatsrechtslehrer unserer Frage gegenüber ein. Diese fassen die Verantwortlichkeit der Minister von vornherein im beschränkten Sinne einer Garantie der Verfassung auf,[2]) welche man selbst wieder als eine Gewährleistung der constitutionellen Rechte der Bürger betrachtet. Es erklärt sich diese enge Auffassung zum großen Theil aus der legislativen Entstehung dieses Instituts in Deutschland. Sobald man in den Verfassungsurkunden

---

[1]) S. 150—152.

[2]) Stein, Verwaltungslehre, I, S. 103.

den Fürsten eine Verbriefung der Freiheitsrechte und politischen Rechte des Volkes abgerungen hatte, suchte man nach einer neuen Garantie dieser papiernen Garantie. Daher kam es, daß in den deutschen Staaten in Folge der unzureichenden Erfahrung des constitutionellen Lebens und des fortwährenden Widerstandes der Regierungen die Verantwortlichkeit principlos in der Weise gesetzlich regulirt wurde, daß oft das Wesen in der Form aufging. Und sowie die deutschen Verfassungen, ohne scharfe Scheidung, bald eine Verantwortlichkeit der Minister für Verfassungsverletzungen,[1]) bald für Verfassungs- und Gesetzesverletzungen[2]) festsetzten, oder daneben gar einzelne Verbrechen[3]) aufzählten, ebenso haben viele Schriftsteller, ohne jede tiefer gehende Begründung, sich für eine Verantwortlichkeit der Minister wegen Verletzungen der Verfassung ausgesprochen,[4]) indem sie entweder die eine Seite des Berufs der Volksvertretung, die Verfassungsmäßigkeit der Staatsverwaltung zu

---

[1]) Baden, V.-U. 1818, § 67; Bayern, V.-U. 1818, Tit. X, § 6; Würtemberg, V.-U. 1819, § 195; K. Sachsen, V.-U. 1831, § 141, 142; Kurhessen, V.-U. 1831, § 100; Sachsen-Altenburg, V.-U. 1831, § 37; Braunschweig, Neue Landschaftsord. 1832, § 108; Hannover, V.-U. 1848, § 102, und königl. Verordnung v. 1. August 1855, § 1; Sachsen-Coburg-Gotha, V.-U. 1852, § 165; Reuß j. L., V.-U. 1852, § 110; Waldeck, V.-U. 1852, § 66.

[2]) Großherz. Hessen, Gesetz v. 5. Juli 1821, Art. 1; Bayern, Gesetz v. 4. Juni 1848, Art. 9; Lichtenstein, V.-U. 1862, § 40; Oesterreich, M.-V.- G. v. 25. Juli 1867, § 2.

[3]) Sachsen-Meiningen, V.-U. 1829, § 88; Preußen, V.-U. 1850, Art. 61; S.-Weimar, Revid. Grundgesetz v. 1850, § 48, 49. — (Vergl. außerdem das holländische Gesetz vom 22. April 1855, die Verantwortlichkeit der Häupter der ministeriellen Departements betreffend, Art. 3, und das Schwedische Verantwortlichkeitsgesetz v. 10. Febr. 1810, welches einzelne Verfassungsverletzungen aufzählt. (Abgedruckt bei Nordenflycht, die Schwed. Staatsverf., S. 370 ff.) Der Nachweis des historischen Zusammenhanges dieser Einrichtung mit den früher in Deutschland geltenden Rechtsgrundsätzen über die Verantwortlichkeit der höheren Staatsdiener, wie ihn H. A. Zachariae, I, S. 305, für wünschenswerth erachtet, wird sich wohl kaum erbringen lassen, da die deutschen Verfassungen in dieser Frage nicht an die älteren Verhältnisse anknüpften, sondern vielmehr den ausländischen Vorbildern, wenn auch ohne rechtes Verständniß, folgten.

[4]) Stahl, Die Rechts- und Staatslehre, § 114, S. 393; v. Witzleben, Die Grenzen der Repräsentation in der const. Monarchie, S. 100; K. S. Zachariae, Vierzig Bücher vom Staate, I, 3, S. 268; Held, Verfassungsrecht, II, S. 378; Kaltenborn, S. 103; Gerber, S. 185; Bischof, S. 41, 42; Schmitthenner, Grundlinien des idealen Staatsrechts, S. 423, spricht von Verletzung der Verfassung und verfassungsmäßigen Rechte.

controliren, betonen,[1]) oder in dem ganzen Institute einen Schutz für die Integrität der Verfassung gegenüber den Angriffen der Regierung erblicken,[2]) während Andere eine Verantwortlichkeit für Verfassungs- und Gesetzesverletzungen in gleich unbestimmter Weise vertheidigen.[3]) Auch fehlt es nicht an Stimmen, welche die Ministerverantwortlichkeit mit dem monarchischen Princip für unvereinbar halten,[4]) oder als ein mehr mit dem Argwohn und dem Mißtrauen, als mit den natürlichen Rechtsprincipien zusammenhängendes Institut bezeichnen.[5])

Die Widerlegung dieser Auffassung, insoweit sie den Umfang der Verantwortlichkeit betrifft, ist schon in unseren früheren Auseinandersetzungen enthalten. Die von einzelnen der hier genannten Schriftsteller erhobenen Einwendungen gegen jede weitere Ausdehnung der ministeriellen Verantwortlichkeit werden noch an geeignetem Orte eingehendere Berücksichtigung finden.

Nur wenige deutsche Rechtslehrer haben den Umfang der ministeriellen Verantwortlichkeit annähernd richtig bestimmt; die Ansichten derselben werden im dogmatischen Theil unserer Darstellung nach Gebühr gewürdigt werden.

---

[1]) Kaltenborn, Held, Gerber a. a. O. Witzleben, S. 100: „Der Regulator für die Ministerverantwortlichkeit ist die Verfassung, denn nur an der Aufrechthaltung derselben haben die Kammern als die das Volk vertretende ständische Körperschaft ein rechtliches Interesse."

[2]) K. S. Zachariae a. a. O.; Gerber, S. 188.

[3]) H. A. Zachariae im Staatswörterbuch, VI, S. 284; v. Campe, Die Lehre von den Landständen, S. 450, 451.

[4]) Bischof, S. 99—100.

[5]) Maurenbrecher, Grundsätze des heutigen deutschen Staatsrechts (Frankfurt 1837) S. 70.

III.

Juristische Natur der Ministerverantwortlichkeit.

---

§ 6.

Die juristische Natur der Ministerverantwortlichkeit kann, wie wir schon früher bemerkten, nur dann richtig festgestellt werden, wenn man den Umfang derselben aus dem Verhältniß des Monarchen zu den Ministern einerseits und aus dem gegenseitigen Verhältniß von Regierung und Volksvertretung andererseits ableitet und bestimmt. Bei der kritischen Prüfung der Ansichten über die rechtliche Natur der ministeriellen Verantwortlichkeit müssen wir aber auch deswegen auf die so sehr auseinander gehenden Meinungen der Schriftsteller über deren Umfang Rücksicht nehmen, weil nicht nur die letzteren bestimmend auf die ersteren einwirkten, sondern umgekehrt auch die Auffassung der rechtlichen Natur die Bestimmung des Umfangs beeinflußte. Im Ganzen lassen sich in dieser Frage drei Kategorien von Ansichten unterscheiden: Die herrschende und am meisten verbreitete Vorstellung betrachtet die Ministerverantwortlichkeit als eine zu der allgemein strafrechtlichen Verantwortlichkeit hinzutretende strafrechtliche, welche speciell die Minister trifft; eine zweite Ansicht faßt das Institut der Ministerverantwortlichkeit mehr vom Gesichtspunkte eines Schiedgerichts auf, erscheint jedoch auch von strafrechtlichen Anschauungen getrübt; die dritte Ansicht sieht in der Verantwortlichkeit der Minister eine eigenartige „politische“ Verantwortlichkeit. Für unsere kritische Betrachtung ergiebt sich demgemäß eine Eintheilung in drei Rubriken:

I. Die Verantwortlichkeit der Minister der Volksvertretung gegenüber wird als eine strafrechtliche aufgefaßt. Unter den Schriftstellern, welche diese Ansicht vertreten, müssen wir wiederum zwei

Gruppen sondern, nämlich 1. jene, welche nur eine Verantwortlichkeit der Minister für Verfassungs- oder für Verfassungs- und Gesetzesverletzungen anerkennen, und 2. diejenigen, welche, wenn auch in verschiedener Weise, die Ministerverantwortlichkeit nicht nur auf Gesetzesverletzungen beschränken, sondern auch auf andere den Staat gefährdende oder demselben nachtheilige Acte der Minister ausdehnen.

1. Die erste Gruppe von Schriftstellern, aus der wir Mohl, Schmitthenner, H. A. Zachariae, Held, Bischof und John hervorheben,[1]) betrachtet jede Verletzung der Verfassung oder der Staatsgesetze überhaupt von Seiten eines Ministers als ein Verbrechen, zu dessen Strafbarkeit viele nach allgemein strafrechtlichen Grundsätzen dolose Absicht verlangen,[2]) während andere schon die Strafbarkeit der culpa vertheidigen.[3]) In einem anderen Punkte herrscht unter den eben genannten Anhängern der strafrechtlichen Theorie eine noch wesentlichere Meinungsverschiedenheit. Fast alle von ihnen wollen, in Uebereinstimmung mit den meisten deutschen Verfassungen, die Strafgewalt des Staatsgerichtshofs in der Weise beschränken, daß derselbe nur die Entlassung vom Amte aussprechen, die Aburtheilung des mit der Verfassungs- oder Gesetzesverletzung concurrirenden gemeinen oder Amtsverbrechens den gewöhnlichen Strafgerichten überlassen werden soll;[4]) Mohl hingegen vertheidigt die

---

[1]) Mohl, S. 28 ff.; Zachariae, I, S. 312; Schmitthenner, S. 423; Held, II, S. 375; Bischof, S. 48; John in Holtzendorf's Strafrechtszeitung, S. 553.

[2]) Zachariae, I, S. 314; Held, II, S. 384. Wie auch Bischof (S. 48), der die Minister nur die Strafe für das Verbrechen des Souveräns büßen läßt, und nach dessen Auffassung, so widersinnig dies auch sein mag, die Contrasignatur nur die Bedeutung einer freiwilligen Erklärung der Bereitwilligkeit zur eventuellen Uebernahme der Strafe hat, dennoch vom Minister dolus, d. h. einen mit Wissen auf die Verletzung der Verfassung gerichteten Willen, verlangen kann, ist, wie so vieles bei diesem Schriftsteller, nicht wohl zu begreifen.

[3]) Mohl, S. 182—183; John, S. 559.

[4]) Held, II, S. 370; Bischof, S. 55. Eine Probe der seltsamen und schon mehr an das Komische streifenden Beweisführung des zuletzt genannten Schriftstellers möge hier eine Stelle finden. Die Strafe der Amtsentlassung wird von ihm in folgender Weise begründet: „Der Minister hat die Strafe zu büßen, vor welcher der Monarch durch seine Unverantwortlichkeit geschützt wird. Letzterer ist nun nach den Grundsätzen des Constitutionalismus nur insofern und insolange Regent, als seine Regierung der Verfassung entspricht. Mit dem Bruche (!) der Verfassung tritt er aus der bestehenden Rechtsordnung hinaus,

Ansicht, daß dem Staatsgerichtshof auch die Entscheidung über die letzteren zustehen und daß, da es unmöglich sei, alle Verfassungsverletzungen aufzuzählen und mit bestimmten Strafen zu bedrohen, es demselben auch freistehen müsse, die Strafen, die höchsten, wie die niedersten, nach freiem Ermessen zu verhängen und der Größe der Verschuldung anzupassen.[1])

Was zunächst die Auffassung der Verfassungsverletzung als ein Verbrechen betrifft, so steht sie durchaus in Widerspruch mit den obersten Principien des Strafrechts.[2]) Ein Verbrechen der Verfassungs- oder Gesetzesverletzung überhaupt ist mit dem cardinalen Grundsatz unseres und jedes vernunftgemäßen Strafrechts unvereinbar, daß nur dann eine Strafe verhängt werden darf, wenn das Gesetz genau den Thatbestand der verbrecherischen Handlung festsetzt, alle Merkmale und Erscheinungen, welche zum Begriffe eines Verbrechens gehören, präcis bestimmt.[3]) Die factische Unmöglichkeit, alle Verfassungsverletzungen zu specificiren und mit bestimmten Strafen zu bedrohen, spricht am überzeugendsten gegen die Anhänger der strafrechtlichen Theorie. In der That paßt sich auch das ganze

---

weil er die Bedingung, unter welcher seine Herrschaft bestehen konnte, aufgehoben hat. Demnach müßte der Souverän nach strenger Logik und ultraconstitutionellen, wenn auch nicht gerade monarchischen Begriffen des Thrones entsetzt werden. Der Minister, welcher die Strafe des Souveräns zu erdulden hat, kann nun bloß durch Ausschluß von jeder Regierungsthätigkeit eine der Form nach analoge und bezüglich der dem Minister eigenthümlichen Sphäre wesentlich gleiche Ahndung über sich nehmen. Die Entlassung vom Amte befriedigt also nicht nur die Rücksichten der Zweckmäßigkeit, sondern entspricht auch den Regeln der Gerechtigkeit." Diese, so fügt Bischof mit einem unbegreiflichen Selbstbewußtsein hinzu, ist eine von bestehenden Ansichten wesentlich abweichende. Von der ganzen Auslassung, die keine Widerlegung verdient, ist nur die letzte Bemerkung richtig, denn bisher ist es, außer Bischof, nur einem einzigen Schriftsteller eingefallen, den Minister die Strafe für das Verbrechen eines Anderen erdulden zu lassen. Auch scheint Bischof nicht zu wissen, daß ein vom Minister begangener „Verfassungsbruch" nicht blos mit „Ausschluß von jeder Regierungsthätigkeit", sondern schon nach gemeinem Gesetze mit der jedenfalls härteren Strafe des Todes bestraft werden könnte.

[1]) Mohl, S. 545 ff.

[2]) Dies wird selbst von H. A. Zachariae, I, S. 312, Anm. 4, zugegeben.

[3]) Treffend bemerkte einst K. S. Zachariae: „Was würde man von einem Gesetze für Privatvergehen sagen, welches so lautete: Jede Verletzung der Rechte eines Mitbürgers ist strafbar." Vergl. die Verhandlungen der I. bad. Kammer, 1820, S. 623.

System des Strafrechts dieser Anschauung nicht an.[1]) Weder die allgemeinen strafrechtlichen Begriffe von Versuch und Vollendung, noch die von Urheberschaft, Theilnahme und Beihilfe lassen sich hier analog anwenden, weil alle diese Begriffe einen durch das Gesetz bestimmt fixirten Thatbestand voraussetzen. Wann ist das Verbrechen der Verfassungsverletzung versucht, wann consumirt? Wollte man hier die allgemeinen Grundsätze des Strafrechts analogisch anwenden, wonach zur Begründung der Strafbarkeit des Versuchs eines Verbrechens ein Anfang der Ausführung gehört, so wäre ein verfassungswidriger Beschluß der Minister, mit dessen Durchführung noch nicht begonnen wurde, nicht strafbar. Ebenso würde, da nach den meisten Strafgesetzen der bloße Rath noch keine Strafbarkeit begründet, der einfache Rath zur Begehung einer Verfassungsverletzung, welchen der Minister dem Fürsten, seinen Collegen oder Untergebenen ertheilte, straflos bleiben müssen.[2]) Wie in dieser Beziehung, so würde noch in vielen anderen die strafrechtliche Theorie dazu führen, die Ministerverantwortlichkeit illusorisch zu machen. So könnte ein Minister, welcher selbst wissentlich durch seine Untergebenen Verfassungsverletzungen geschehen ließe, nicht angeklagt werden, weil die Nichtverhinderung eines Verbrechens nur dann strafbar ist, wenn es im Gesetz ausdrücklich bestimmt und mit Strafe bedroht ist. Aehnlich verhält es sich mit den strafrechtlichen Erfordernissen von dolus und culpa. Verlangt man nämlich zur Begründung der Strafbarkeit böse Absicht, so wird in den meisten Fällen die Anklage an der Unmöglichkeit des Beweises der subjectiven Schuld der Minister scheitern; denn die Minister, welche die Verfassung verletzten, werden sich dann regelmäßig auf ihren guten Glauben, auf eine irrige Interpretation der von ihnen übertretenen Verfassungsbestimmung

---

[1]) Bülau, Die Behörden in Staat und Gemeinde, S. 114 ff.

[2]) Zu welchen Inconsequenzen die strafrechtliche Auffassung führt, ersieht man bei Kerkhove, welcher den eingehendsten Versuch gemacht hat, die hier einschlagenden Fragen nach den criminalrechtlichen Regeln zu beantworten. Nach dem code pénal ist der einfache, nicht bestimmende Rath nicht strafbar. Kerkhove, S. 107, Not. 1, richtet daher, um zu verhüten, daß der Minister durch seine Untergebenen Verfassungsverletzungen begehen lasse, einen höchst willkürlichen und unhaltbaren Unterschied auf zwischen dem Rath, welchen der Minister dem Souverän, und jenem, welchen er seinen Collegen oder Untergebenen ertheilt; der erstere soll straflos, der zweite hingegen strafbar sein.

berufen.[1]) Aber auch die Strafbarkeit der culpa reicht nicht aus, weil dem Minister Mittel und Wege zu Gebote stehen, um die Verfassung in einer Weise anzugreifen, daß ihn nicht einmal der leiseste Vorwurf der Fahrlässigkeit oder Sorglosigkeit treffen könnte.[2]) Auch wäre mit der Straffälligkeit der culposen Verfassungsverletzungen noch kein Schutz vorhanden gegen die aus offenbarer Unfähigkeit begangenen Verfassungswidrigkeiten der Minister, während doch unter Umständen die Entfernung eines zur verfassungsmäßigen Regierung ganz unfähigen Ministers für den Staat nothwendiger sein kann, als die Beseitigung eines sonst tüchtigen Ministers, welcher die Verfassung dolos oder culpos verletzte.[3]) Auch darin zeigt sich die Unhaltbarkeit des strafrechtlichen Princips, daß einzelne Vertheidiger dieser Theorie[4]) einen für den Staat erlangten großen Vortheil als vollgiltigen Entschuldigungsgrund einer begangenen Verfassungsverletzung anerkennen, während doch ein erzielter Vortheil unter keinen Umständen ein Befreiungsgrund von der Strafe eines Verbrechens sein kann. Endlich verletzt die hier bekämpfte Theorie den Grundsatz: ne bis in idem, indem der Minister möglicherweise wegen derselben Handlung zweimal vor Gericht gestellt werden muß, was dann leicht eine Collision der Strafurtheile beider Gerichte herbeiführen würde.[5])

Dem letzten Vorwurf entgeht allerdings die Ansicht Mohl's, nach welcher keine Theilung der Strafen eintreten soll. Aber indem dieser ausgezeichnete Rechtslehrer dem Staatsgerichtshof eine discretionäre Strafgewalt überträgt, indem er, ohne daß die einzelnen Handlungen im Gesetz bestimmt und mit Strafe bedroht wären, die Wahl der Strafen dem freien Ermessen der Richter überläßt und diesen das freieste Beurtheilungsrecht zuerkennt, setzt er sich sowohl mit dem Zweck des Instituts, wie mit den im constitutionellen

---

[1]) O. Bähr, Der Rechtsstaat, S. 80.

[2]) Man denke an den Fall, daß ein Minister sich von ihm ergebenen Rechtsgelehrten in seinem Sinne vorher Gutachten über eine Verfassungsbestimmung, die er zu übertreten beabsichtigt, geben läßt. Vergl. die richtigen Ausführungen bei John, S. 559.

[3]) Uebereinstimmend: John, S. 576.

[4]) Mohl, S. 150 ff. Vergl. oben S. 37.

[5]) Es ist auffallend, daß sich die Anhänger dieser Ansicht selbst immer die principiellen Widersprüche vorhalten, ohne eine andere Lösung zu suchen. Vergl. Bischof, S. 57.

Staate allgemein geltenden Rechtsgrundsätzen in Widerspruch. Mit dem Zweck des Instituts, weil es sich hier zunächst darum handelt, einen staatsgefährlichen Minister vom Amte zu entfernen, eine schleunige Procedur aber, wie sie auch Mohl für wünschenswerth hält, dadurch unmöglich ist, daß dem Gerichtshof auch die Untersuchung und das Erkenntniß über das in der Verfassungsverletzung liegende gemeine oder Amtsverbrechen überlassen ist;[1]) mit den materiellen Rechtsgrundsätzen aber, weil der Minister dadurch jenes Schutzes gegen die Willkür beraubt wird, welchen jeder Bürger im constitutionellen Staate in der bestimmten Fassung der Strafgesetze, in den Regeln des Beweises, in der genauen und eingehenden Untersuchung, in dem Instanzenzuge und den Rechtsmitteln und endlich in der Hoffnung des fürstlichen Begnadigungsrechts genießt. In der That liegt auch kein Grund vor, für die Minister einen odios privilegirten Gerichtsstand zu schaffen. Besteht in einem Staate eine gerechte Strafgerichtsbarkeit zur Aufrechthaltung der öffentlichen Rechtsordnung und zur Erlangung einer Genugthuung für das Verbrechen, so gehört auch die Bestrafung aller im gemeinen Strafgesetze enthaltenen Verbrechen, einerlei von wem sie begangen sein mögen, zur Competenz der ordentlichen Strafgerichte des Staats.[2])

2. Fast alle Schriftsteller, welche der strafrechtlichen Auffassung huldigen, die Verantwortlichkeit der Minister aber nicht blos auf

[1]) Wir sehen hier ab von den schon von anderer Seite erhobenen, das Princip selbst nicht berührenden Einwendungen, daß in Folge der Ueberlassung der strengen Strafen an den Staatsgerichtshof mit der Verantwortlichkeit weniger Ernst gemacht werden würde, daß der Widerstand des Fürsten und der Minister gegen die Vollstreckung strenger Urtheile wahrscheinlicher sei, und daß endlich die Parteien im Staate immer geneigt sein würden, in dem Urtheile nicht einen Act der Gerechtigkeit, sondern einen Sieg der Gegenpartei zu sehen.

[2]) Wo dies nicht der Fall ist, wird die Nothwendigkeit eines besondern Gerichtshofes auch für andere mächtige Uebelthäter begründet sein. Dies ist auch der charkteristische Grundzug in der geschichtlichen Entwickelung des englischen impeachment, welches daher niemals bloß auf die Räthe der Krone beschränkt war, sondern überhaupt gegen mächtige und hochstehende Uebertreter der Strafgesetze gerichtet werden konnte, die sonst vermöge der Autorität ihrer Stellung und ihres außerordentlichen Einflusses einer Verfolgung und Bestrafung durch die früher meist mangelhaft organisirten und abhängigen ordentlichen Gerichte entgangen sein würden. Vergl. Blackstone, Commentaries, I, S. 260, 261; Gneist, Geschichte und heut. Gestalt der Aemter und des Verwaltungsrechts in England, II, S. 706.

Verletzungen der Staatsgesetze beschränken, sondern auch auf andere dem Staate nachtheilige Handlungen ausdehnen, wollen dem Gerichtshofe, welcher über die von der Volksvertretung erhobenen Anklagen gegen die Minister zu urtheilen berufen ist, eine discretionäre Strafgewalt in der Weise einräumen, daß derselbe in jedem einzelnen Falle nach den Umständen und der Schwere der Schuld aus freiem Ermessen die Strafe verhänge.[1]) Die Nothwendigkeit einer solchen discretionären Strafgerichtsbarkeit über die Minister wird damit begründet, daß es unmöglich sei, ein Gesetz über die Verantwortlichkeit derselben derart präcis und detaillirt zu redigiren, daß dasselbe alle Handlungen der Minister, wodurch der Staat benachtheiligt werden kann, umfasse.[2]) Bei der Mannigfaltigkeit und dem Wechsel der Staatsinteressen, bei dem großen Kreis von Pflichten der Minister, welcher sich umsomehr erweitere, je verwickelter und vielfacher deren über den ganzen Staat sich erstreckende Amtsthätigkeit sei, erscheine es unmöglich, alle denkbaren Pflichtverletzungen derselben im vorhinein durch den Buchstaben des Gesetzes erschöpfend zu bestimmen, und mit Strafen zu bedrohen.[3]) Außerdem, behauptet man, handle es sich bei den Pflichtverletzungen der Minister weniger um eine streng juristische Beurtheilung der einzelnen Handlung; es komme hier vielmehr das ganze Benehmen des Ministers in seiner Gesammtheit in Betracht; denn es könne, ohne daß die einzelne Handlung, isolirt betrachtet, ein Vergehen begründete, die ganze Tendenz, das System der Amtsführung geeignet sein, den Staat in seinen Interessen zu gefährden und zu beeinträchtigen.[4]) Auch dürfe man hier, wo es sich um den Schutz des Staats gegen unfähige und schlechtgesinnte Staatsdiener handle, nicht blos auf die criminelle Gesinnung sehen; die Verantwortlichkeit sei nicht minder begründet, wenn der Minister aus Leichtsinn, Uebereilung, Geistes-

---

[1]) Constant, De la resp. des minist. (Laboulaye, I, S. 403); Kerkhove, S. 76 ff.; Lagemans, S. 63, 64; Rößler, II, S. 94; Mittermaier im Ausschußbericht, S. 148 ff. Hieher gehören auch Rotteck und Buddeus, obgleich dieselben für jene Fälle, wo nicht gegen ein Pönalgesetz verstoßen ist, aus practischen Gründen milde Strafen wollen.

[2]) Constant (Laboulaye, I, S. 405).

[3]) Lagemans, S. 50; Mittermaier a. a. O.

[4]) Constant a. a. O.; Mittermaier a. a. O.

trägheit, Unverstand, Unfähigkeit, Unerfahrenheit und Ungeschicklichkeit den Staat benachtheiligte.[1])

Eine genauere Prüfung dieses Raisonnements zeigt, daß es kaum möglich wäre, bessere Argumente gegen die strafrechtliche Auffassung der Verantwortlichkeit ausfindig zu machen, als diejenigen, welche zur Begründung derselben vorgeführt werden. Fast jeder Satz, wenn auch an sich richtig, enthält einen Widerspruch mit den allgemeinen Regeln des Strafrechts. Schon der eine Umstand, daß es unmöglich ist, für alle Pflichtwidrigkeiten der Minister einen Thatbestand gesetzlich zu formuliren, müßte genügen, um diesen

[1]) Constant, de la resp. (Laboulaye, I, S. 409): „— — peuvent être le résultat d'une erreur, d'une incapacité, d'une faiblesse qui ne supposent point des intentions criminelles." Kerkhove, S. 119; Rößler, II, S. 75; Mittermaier, S. 150. Mehrere dieser Schriftsteller berufen sich auf das englische System, ohne die historische Entwicklung und die Bedeutung des impeachment gehörig zu würdigen. Das impeachment des Unterhauses hat sich, wie Gneist (Geschichte u. heutige Gestalt der Aemter, I, S. 367—68 u. 397 ff.) vortrefflich ausführt, im innigsten Zusammenhange mit der Entwicklung des communalen Anklagerechts bei den gewöhnlichen Strafgerichten und im Anschlusse einerseits an die schon früher bestehende Jurisdiction des „Königs im Rath", andererseits an die neu entstandene Pairsgerichtsbarkeit ausgebildet. Als allgemeine Strafklage wurde es durchaus nicht auf die Rathgeber der Krone beschränkt, mußte sich aber ursprünglich immer auf ein Verbrechen des übrigens selbst sehr unbestimmten common law stützen. Später kamen allerdings Klagen gegen Beamte vor, die sich nicht auf ein Verbrechen des gemeinen Rechts gründeten, und gelangte, wenigstens bezüglich der Staatsdiener, der Satz zur Anerkennung, daß überhaupt jede schwere Pflichtwidrigkeit, jede Verletzung der Interessen des Staats Gegenstand der Anklage sein könne, so daß, wie Lord Russell (An essay on the history of the English government, S. 163) sagt, selbst jene, welche zur Begründung eines impeachment immer ein „indictable offence" verlangen, in „every misconduct in office a misdemeanour at common law" sehen. Dem Wesen nach ist aber auch bei dieser Gestaltung die Jurisdiction des Oberhauses nicht verschieden von der Strafgerichtsbarkeit der gewöhnlichen Strafgerichte, welcher ebenfalls Jedermann, selbst die höchsten Rathgeber der Krone unterworfen sind, und welche in Bezug auf Verhängung der Strafen ebenfalls einen discretionären Charakter hat. — Schon diese kurze Darlegung zeigt, wie wenig sich die englische Einrichtung zur Uebertragung auf continentale Staaten eignet. Wollte man sie aber nur auf Minister anwenden, so würde man sich dadurch in Widerspruch setzen mit den in den meisten Staaten bezüglich der Staatsdiener und aller Bürger geltenden Rechtsgrundsätzen. — Die Belgische Verfassung von 1831, § 134, überträgt zwar dem Cassationshof eine discretionäre Strafgewalt über die von der Deputirtenkammer angeklagten Minister, aber diese Bestimmung trägt nur einen provisorischen Charakter.

Kreis undefinirbarer Pflichten vom Strafgebiete freizulassen.[1]) Das Strafrecht verlangt eine gesetzliche Begrenzung der strafwürdigen Handlung; die Strafgewalt ist eine bestimmte, keine discretionäre Gewalt. Der Strafrichter hat es lediglich mit einer Subsumirung der einzelnen Handlungen unter das dieselben verbietende und mit Strafe bedrohende Rechtsgesetz zu thun. Diese schon in der vorigen Rubrik[2]) geltend gemachte Einwendung trifft hier in noch höherem Grade zu, sowie alle aus der Unbestimmtheit des Thatbestandes dort gezogenen Consequenzen auch hier in der Weise durchgreifend sind, daß die Verantwortlichkeit factisch außerordentlich eingeschränkt würde. Sodann legt das Strafrecht das höchste Gewicht auf das subjective Moment, indem zur Begründung einer criminellen Strafe als Regel dolus verlangt wird und die Bestrafung der culpa stets die Ausnahme bildet.[3]) Die bloße Unfähigkeit, sein Amt zu verwalten, die Herbeiführung eines Schadens aus Unerfahrenheit, aus Mangel an Fähigkeiten zu einer guten Besorgung der Amtsgeschäfte kann niemals Gegenstand einer Strafgerichtsbarkeit sein. Die Unterwerfung der Minister unter eine solche discretionäre Strafgewalt verletzt aber auch das Princip der allgemeinen Gleichheit vor dem Gesetze; denn der Minister wird dadurch nicht allein der Schutzwehren beraubt, wie sie alle Bürger eines constitutionellen Staats genießen, sondern auch materiell nachtheiliger als die anderen Staatsdiener gestellt, indem diese wegen Verletzung ihrer Amtspflichten, wenn kein in den gemeinen Strafgesetzen vorgesehenes Verbrechen

---

[1]) Wohl wäre es möglich, einzelne schwere Pflichtverletzungen der Minister zu criminalisiren und durch Formulirung eines strafbaren Thatbestands als specielle Amtsverbrechen der Minister in das Strafgebiet zu ziehen. Aber der große Kreis der aus der Natur des Amtes fließenden undefinirbaren Pflichten, für deren Erfüllung ebenfalls eine Verantwortlichkeit bestehen muß, würde auch dann vom Gebiete des Strafrechts freigelassen bleiben. Interessant ist in dieser Beziehung der Versuch Mittermaier's, einen förmlichen Strafcodex über die Minister zu entwerfen, alle Pflichtverletzungen, wegen welcher dieselben von der Volksvertretung angeklagt werden sollen, als besondere Ministerverbrechen im Gesetz zu specificiren. (Vergl. die Verhandlungen der 2. badischen Kammer, 1831, Heft 3, S. 182 ff.) Mittermaier hat später selbst (Ausschußbericht, S. 147) die Unmöglichkeit einer solchen erschöpfenden Aufzählung aller Pflichtwidrigkeiten der Minister zugegeben.

[2]) Vergl. S. 42—43.

[3]) Vergl. S. 44. Selbst das gemeine Strafrecht kennt nur dolose Amtsverbrechen.

oder Vergehen vorliegt, nur durch den Verlust ihres Amtes getroffen werden.[1])

Als Resultat unserer bisherigen Auseinandersetzungen ergiebt sich somit, daß die Ansicht, die Verantwortlichkeit der Minister der Volksvertretung gegenüber sei eine strafrechtliche, unhaltbar und zu verwerfen ist.

II. Eine eigenthümliche, offenbar aus einer Vermengung „schiedsrichterlicher" und strafrechtlicher Gesichtspunkte hervorgegangene Auffassung des Instituts der Ministerverantwortlichkeit findet sich bei Witzleben[2]) und Gerber[3]). Bei beiden Schriftstellern tritt der Grundgedanke hervor, daß der Staatsgerichtshof nur eine authentische Interpretation des Grundgesetzes zu geben habe, daß es sich hier nur um eine Klarstellung des Verfassungsrechts handle. Daraus erklärt sich die Behauptung Witzleben's, daß der Staatsgerichtshof keine Entscheidung zu geben, sondern nur die Thatsache der Verfassungsverletzung zu constatiren habe und daß es dann Sache des Fürsten sei, den verfassungswidrig handelnden Minister zu entlassen.[4]) In ähnlichem Sinne spricht auch Gerber[5]) von einer „Verurtheilung", d. h. von der „Feststellung, daß eine absichtliche Verfassungsverletzung vorliege", und bezeichnet die Entlassung vom Amte nicht als eine gewöhnliche Strafe, sondern als die „natürliche und sittliche Folge" der Verurtheilung. Doch spielen bei ihm auch strafrechtliche Momente hinein, indem er nach „allgemeinen Grundsätzen des Strafrechts" als Requisit zur Begründung der Anklage das Bewußtsein der Verfassungswidrigkeit verlangt.[6])

---

[1]) Der letzte Einwand trifft nicht zu bei jenen Schriftstellern, welche, wie z. B. Constant, alle Staatsdiener einer solchen discretionären Strafgewalt unterwerfen wollen.

[2]) Grenzen der Repräsentation, S. 100.

[3]) Gerber, S. 185 ff.

[4]) Witzleben a. a. O. Bei diesem Schriftsteller wirkt außerdem noch der Irrthum mit, daß der Staatsgerichtshof deswegen keine Entscheidung geben könne, weil dessen Constituirung ein Ausfluß des Vertrages sei, auf dem das Grundgesetz beruhe. Es ist aber gewiß staatsrechtlich ganz gleichgültig, ob die Existenz eines Gerichtshofes auf Gesetz oder Vertrag zurückgeführt wird. Die Entscheidung, welche derselbe im einzelnen Falle giebt, ist immer ein förmliches Urtheil. Mohl, S. 550.

[5]) S. 187, Anmerkung 11.

[6]) S. 185, Anmerkung 3.

Es hängt diese Auffassung auf's innigste mit der schon früher bekämpften Idee dieser Schriftsteller zusammen, daß nur die Verfassung der Regulator der Ministerverantwortlichkeit sei und daß der Staatsgerichtshof nur die Integrität des Grundgesetzes zu schützen habe. Die Verfassung kann aber in dem Ausspruch, daß eine objective Verletzung derselben von Seiten eines Ministers vorliege, beziehungsweise daß diese Verletzung eine dolose sei, durchaus keinen genügenden Schutz finden, wenn nicht diesem Ausspruch eine Folge in Bezug auf die Person des Verletzenden gegeben wird. Dies erkennen auch die oben erwähnten Schriftsteller; aber weil sie die Entlassung des Ministers, auf welche sie jene Folge beschränken, mit Unrecht dem juristisch ganz freien Belieben des Monarchen anheimstellen zu müssen glauben, wollen sie dasjenige, was sie selbst als nothwendig und selbstverständlich begreifen, doch nicht mit rechtlicher Erzwingbarkeit eintreten lassen. Daneben werden sie offenbar geleitet von dem richtigen Gefühl, daß die Entlassung keine eigentliche Strafe sei; aber indem sie die wirkliche juristische Natur derselben, wie sie sich aus dem Zusammenhange des ganzen Instituts ergiebt, nicht erfassen, kommen sie dazu, ihr jeden juristischen Charakter abzusprechen.

III. Nur ein einziger deutscher Schriftsteller, Bluntschli, hat, wie er den Umfang der Ministerverantwortlichkeit richtig bestimmt, sich auch entschieden und consequent gegen die strafrechtliche Auffassung der Ministerverantwortlichkeit ausgesprochen.[1]) Doch können wir es durchaus nicht billigen, daß er, obgleich er den juristischen Charakter derselben nicht verkennt, zur Bezeichnung der Natur dieser Verantwortlichkeit den Ausdruck „politisch" gewählt hat, ebenso wie Zöpfl,[2]) welcher, wiewohl er die strafrechtliche Auffassung nicht principiell verwirft, sondern als in den Verfassungen gegeben und möglich betrachtet, jene Verantwortlichkeit der Minister gegenüber den Ständen, welche lediglich die Entfernung derselben aus dem Amte bezweckt, als eine „politische" bezeichnet. Dieser Ausdruck führt, weil man mit ihm keinen bestimmten juristischen Sinn verbindet, leicht zu Irrthümern und Mißverständnissen;[3]) er ist aber auch

[1]) Staatswörterb., X, S. 749 ff.

[2]) II, S. 434.

[3]) Bluntschli selbst (Allg. Staatsr., II, S. 160) bezeichnet mit diesem Ausdruck die Verantwortlichkeit für Mißregierung.

thatsächlich unrichtig, weil die Ministerverantwortlichkeit ein rechtliches Institut ist, auf Gesetz beruht und durch ein Rechtsmittel realisirt wird. Auch diesen beiden Schriftstellern ist der nach unserer Ueberzeugung allein richtige Gesichtspunkt verborgen geblieben, daß die Verantwortlichkeit der Minister der Volksvertretung gegenüber ihrem Wesen und Inhalt nach der allgemeinen disciplinaren Verantwortlichkeit aller Staatsdiener entspricht. Die ausführliche Begründung dieses wichtigen Satzes bleibt natürlich der dogmatischen Untersuchung vorbehalten.

Zweites Capitel.

Dogmatischer Theil.

I.

Grundlagen.

§ 7.

Das Verhältniß der Minister zum Monarchen.

Der oberste Grundsatz des constitutionellen Staatswesens ist, daß Jeder, dem man eine öffentliche Gewalt anvertraut, für die pflichttreue Ausübung derselben verantwortlich sein muß. Dieses Princip der allgemeinen staatsrechtlichen Verantwortlichkeit wurzelt in der Anerkennung des Vernunftsatzes, daß jedes öffentliche Recht zugleich eine öffentliche Pflicht ist, daß dasselbe nur im Interesse der Gesammtheit besteht und ausgeübt werden darf. Ohne allgemeine Durchführung der Verantwortlichkeit für die Erfüllung staatlicher Pflichten, würde der ganze constitutionelle Apparat überflüssig sein und jede wahre Garantie fehlen, daß die Gewalt des Staats nicht in persönlichem Interesse, sondern nach den Gesetzen und im Sinne der großen Volksinteressen ausgeübt werde.[1]) Da aber mit dem Umfang der übertragenen Gewalt naturgemäß auch die Größe der Verantwortlichkeit steigt, so müßte der constitutionelle Fürst, in dessen Person die gesammte Staatsgewalt concentrirt ist, die höchste Verantwortlichkeit tragen. Dennoch stellt die constitutionelle Monarchie, obgleich sie dem Monarchen seine Stellung innerhalb der Verfassung zuweist und ihm die rechtliche Pflicht auferlegt, die Staatsgewalt nach den Gesetzen und Interessen des Staats auszuüben, den Fun-

[1]) Vergl. insbesondere die trefflichen Ausführungen Bluntschli's im Staatswörterbuch, X, S. 746, 747; Kerkhove, S. 39; Lagemans, S. 20; Eötvös, Einfluß der Idee, II, S. 173, 175.

damentalsatz auf, daß der Souverän unverantwortlich sei.[1]) Diese persönliche Unverantwortlichkeit des Monarchen ist keine willkürliche Concession, sondern die nothwendige Consequenz des Souveränitätsbegriffs.[2]) Die Unterwerfung des Souveräns unter eine Jurisdiction wegen der Ausübung der Staatsgewalt wäre, da jede Gerichtsbarkeit eine höhere Macht voraussetzt, gleichbedeutend mit einer Negation des Begriffs der Souveränität.[3]) Der persönliche Träger der höchsten Staatsgewalt kann, weil er Niemandem untergeordnet ist, niemals persönlich auf strafrechtlichem oder disciplinarem Wege zur Rechenschaft gezogen werden; seine Verantwortlichkeit ist stets nur eine moralische, weil eine Realisirung derselben auf rechtlichem Wege undenkbar ist.[4]) Die juristische Unverantwortlichkeit des

---

[1]) Die Unverantwortlichkeit des Souveräns ist in allen Verfassungen ausdrücklich ausgesprochen. (Vergl. die Citate bei Kerkhove, S. 39, Not. 4.) Nur in Frankreich scheint die in der Proclamation Napoleon's III. vom 14. Jänner 1852 (Block, Dictionnaire, I, S. 539) erklärte Verantwortlichkeit des Staatsoberhauptes auch nach Einführung des Kaiserthums fortzubestehen. Sie ist aber, da für eine Realisirung derselben auf rechtlichem Wege nicht gesorgt ist, jedenfalls nur eine nominelle, die aber jede wirkliche Verantwortlichkeit der Minister ausschließt. Vergl. übrigens die ausführlichen Erörterungen bei Laboulaye, Le parti libéral, chap. XIII, S. 200 ff.

[2]) Der Grundsatz der Unverantwortlichkeit des Regenten, dem früheren deutschen Staatsrecht unbekannt, hat sich daher auch erst mit der Erblichkeit der Herrschaft und der schärferen Ausbildung des Souveränitätsbegriffs entwickelt. Herrmann im Archiv f. Criminalrecht (N. F. 1853), S. 364.

[3]) Blackstone, I, S. 242. In England ist dieser Grundsatz nicht blos in Bezug auf öffentlich rechtliche Verhältnisse anerkannt, sondern auch, ohne Noth, auf die Privatverhältnisse des Souveräns ausgedehnt.

[4]) Mohl, der die constitutionelle Monarchie auf einen Vertrag über die Art und Weise der Ausübung der Regierungsgewalt zurückführt, beschränkt die Unverantwortlichkeit der Monarchen nur auf Verfassungsverletzungen. Wenn aber, behauptet er, die unzweifelhafte Absicht vorliege, die ganze Verfassung umzustoßen, so trete, da der Fürst den Vertrag nicht einseitig aufheben könne, die rechtliche Nothwendigkeit seiner Entfernung von der Regierung und des Eintritts des Nächstberechtigten ein. Vergl. S. 40—42.

Diese Ansicht ist unhaltbar. Denn abgesehen davon, daß selbst wenn man das Herrschaftsrecht der constitutionellen Monarchen auf einen Vertrag gründet, ein Bruch dieses Vertrages die andere Partei noch nicht von ihren Verpflichtungen befreit, ist eine rechtliche Verantwortlichkeit und Bestrafung der Souveräns für alle Fälle dadurch begrifflich ausgeschlossen, daß es kein Organ giebt, welches über die Regierungshandlungen des Fürsten richten könnte. Vergl. hierüber die ausgezeichneten Auseinandersetzungen Brie's, Legitimation, S. 52, 53. — Eine

Monarchen beruht aber nicht auf der Fiction, daß der Monarch unfähig sei zur Begehung eines Unrechts, sondern der Satz des englischen Staatsrechts: „the king can do no wrong", welcher in der deutschen Theorie Eingang gefunden, drückt nur die Unmöglichkeit einer rechtlichen Geltendmachung des vom Souverän ausgehenden Unrechts aus.[1]) Die Aufgabe des constitutionellen Staatsrechts war es, den Widerstreit zwischen der aus dem Souveränitätsbegriff fließenden Unverantwortlichkeit des Fürsten mit dem constitutionellen Grundsatz der allgemeinen staatsrechtlichen Verantwortlichkeit zu lösen, ohne das Princip der Selbstregierung des Monarchen zu verletzen. Ein solches, zwar nicht für alle Fälle ausreichendes, Correctiv der Unverantwortlichkeit des Staatsoberhauptes ist nun darin gefunden worden, daß demselben Organe, welche nur die Spitzen der Centralverwaltung sein können, zur Seite gestellt werden, an deren Zustimmung und Mitwirkung es bei allen seinen Regierungshandlungen gebunden ist, und welche die Verantwortlichkeit für ihre Mitwirkung tragen. Fast sämmtliche[2]) Verfassungen enthalten daher die ausdrückliche Vorschrift, daß alle in Regierungs-Angelegenheiten vom Souverän ausgehenden Befehle und Anordnungen[3]) nur durch die Contrasignatur[4]) eines

andere Frage, die aber jenseits der Grenzen unserer Untersuchung liegt, ist die, ob ein Widerstand der Unterthanen gegen die offenbare Tyrannei des Herrschers rechtlich erlaubt sei. Bluntschli, Staatswörterb., X, S. 547; Brie a. a. O.

[1]) In diesem Sinne ist der Satz: „the king can do no wrong" von den englischen Rechtsgelehrten immer aufgefaßt worden. Blackstone, I, S. 246; Cox, Inst., S. 408 ff., und die bei Fischel, Die Verfassung Englands, S. 112, angeführten Schriftsteller.

[2]) Eine Ausnahme bildet England. Ueber die Bedeutung der Gegenzeichnung in Schweden und Norwegen vergl. S. 61, Note 4. In Brasilien ist die Contrasignatur, obgleich wegen der durchgeführten Scheidung zwischen dem „pouvoir royal" und dem „pouvoir ministériel" nicht gesetzlich vorgeschrieben, dennoch üblich. Block, Dictionnaire, I, S. 266.

[3]) Ueber die Bestimmungen der deutschen Verfassungen hinsichtlich der Contrasignatur vergl. Zöpfl, II, S. 421. Die Preußische V.-U. 1850, § 44, und das Oesterreichische Gesetz über die Verantwortlichkeit der Minister, vom 25. Juli 1867, § 1, haben den weiteren Ausdruck „Regierungsact" gewählt, welcher insofern unpassend ist, als es eine Menge giltiger Regierungsakte giebt, bei denen der Natur der Sache nach eine Contrasignatur nicht möglich ist, z. B. Thronrede, Empfang von Gesandtschaften, Deputationen 2c.

[4]) Der Ausdruck „contresigné" findet sich zuerst in der französischen Verf. von 1791, Tit. III, chap. II, sect. IV, Art. 4.

verantwortlichen Ministers rechtliche Kraft erhalten und vollziehbar werden.[1])

Bei der Untersuchung der rechtlichen Natur dieser Einrichtung müssen aber zwei in enger Beziehung stehende und deswegen vielfach mit einander verwechselte Fragen scharf gesondert werden. Es muß nämlich erstens die Bedeutung der Contrasignatur in Bezug auf die Rechtsverbindlichkeit der landesfürstlichen Erlässe Dritten gegenüber geprüft werden, sodann zweitens der Zusammenhang dieses Instituts mit der verfassungsmäßig vorgeschriebenen Verantwortlichkeit der Minister genauer bestimmt werden.

1. In Betreff der ersten Frage wird allgemein anerkannt, daß die Mitunterzeichnung der Minister die unentbehrliche Bedingung der Rechtsgiltigkeit der fürstlichen Verfügungen sind.[2]) Durch die ministerielle Contrasignatur erhält der persönliche Wille des Monarchen, welcher an sich keine rechtsverbindliche Wirksamkeit äußern kann, rechtliche Kraft. Aus dem Satze, daß die Contrasignatur die essentielle Form zur Giltigkeit und Vollziehbarkeit der landesherrlichen Befehle ist, ergiebt sich die uns hier allein interessirende Consequenz, daß alle nicht contrasignirten Verfügungen des Souveräns in Regierungsangelegenheiten juristisch als nicht erlassen zu betrachten sind, daß daher Jeder, der dieselben ausführt oder

[1]) Einzelne Verfassungen verlangen sogar, daß die Gegenzeichnung von jenem Minister geschehe, in dessen Ressort die betreffende Angelegenheit gehört. Schriftlicher Erlaß jeder Anordnung des Souveräns ist ausdrücklich nur durch die Sachs.-Cob.-Gotha'sche Verf. 1852, § 22, und Weimar, Rev. Grundgesetz 1850, § 47, vorgeschrieben. Die Nothwendigkeit dieser Form folgt aber von selbst aus der Vorschrift der Contrasignatur. — Ausnahmen von der Regel der Gegenzeichnung aller landesherrlichen Verfügungen finden sich in der Oldenb. V.-U. 1852, Art. 12, § 5, bezüglich der Ernennung und Entlassung der Minister, und ebenso ist in der Luxemburger V.-U. v. 1856, Art. 45, die Nothwendigkeit der Gegenzeichnung für den genannten Fall, sowie für Ordensverleihungen und militärische Commando's ausgeschlossen. Die Frage über die Contrasignatur der Ministerernennungen kann entweder dadurch Bedeutung gewinnen, daß die vom Amte zurücktretenden Minister ihre Gegenzeichnung zu der neuen Ernennung verweigern, oder wenn, wie dies nach dem Oesterreichischen Ministerverantwortlichkeitsgesetz eintreten kann, das ganze Ministerium durch einen Anklagebeschluß der Kammer ipso jure vom Amte suspendirt würde. Es ist daher nothwendig, für diesen Fall gesetzlich Vorsorge zu treffen, wie dies die Griechische Constitution von 1862, Art. 30, auch gethan hat.

[2]) Verfassungen bei Zöpfl, II, S. 424.

ihnen Folge leistet, als Urheber der betreffenden Handlung die Verantwortlichkeit zu tragen hat.[1])

2. Ueber die Bedeutung der Gegenzeichnung hinsichtlich der Verantwortlichkeit der Minister wird gestritten. Held[2]), dem sich auch Bischof[3]) anschließt, stellt die Behauptung auf, daß die Gegenzeichnung auch bezüglich der Begründung der Verantwortlichkeit ein unentbehrliches Requisit sei, daß demnach nur contrasignirende Minister zur Verantwortung gezogen werden könnten, nicht aber diejenigen, welche zu der landesherrlichen Verfügung zwar mitwirkten, dieselbe aber nicht contrasignirten. Gründe für diese Behauptung werden nicht beigebracht.[4]) Die Unhaltbarkeit derselben kann deshalb schon durch den Nachweis des Widerspruches, in welchen sich Held verwickelt, dargethan werden — eines Widerspruches, welcher am besten den blinden Eifer, das Institut der Ministerverantwortlichkeit in seinen Wirkungen illusorisch zu machen, charakterisirt. Dieser Schriftsteller sagt nämlich an einer anderen Stelle wörtlich: „Der Grund der Anklage kann eben sowohl eine positive, als auch eine negative Handlung, also auch eine Unterlassung sein." Wird aber, wie dies auch nicht anders möglich ist, zugegeben, daß eine Rechts-

---

[1]) Das Bayerische Gesetz vom 4. Juni 1848, Art. 5, bezeichnet den Vollzug einer ohne ministerielle Contrasignatur ergangenen Regierungsanordnung des Königs durch einen Staatsbeamten als Mißbrauch der Amtsgewalt. Das Oesterr. M.-V.-G. v. 25. Juli 1867, § 3a, und das Holländische V.-G. vom 22. April 1855, Art. 3c, nennen sogar ausdrücklich die Vollziehung eines nicht contrasignirten Befehls des Fürsten durch den Minister als Gegenstand der Anklage.

[2]) Verfassungsrecht, II, S. 367.

[3]) S. 45, 47. Eine ähnliche Ansicht findet sich schon früher bei Destriveaux, Traité de droit public, I, S. 210, 211.

[4]) Doch läßt sich nicht verkennen, daß die Ausdrucksweise vieler Verfassungen bei oberflächlicher Betrachtung eine solche Meinung hervorrufen kann. Vergl. z. B. Würtemberg. V.-U. 1819, § 51: „Alle von dem König ausgehenden Verfügungen, welche die Staatsverwaltung betreffen, müssen von dem Departementsminister oder Chef contrasignirt sein, welcher dadurch für ihren Inhalt verantwortlich wird." Daß diese, auch in anderen Grundgesetzen vorkommende unklare Fassung keine Beschränkung der Verantwortlichkeit auf die Contrasignatur begründen sollte, geht daraus hervor, daß die meisten dieser Gesetze ausdrücklich die Verantwortlichkeit der Minister für die innerhalb ihrer selbständigen Amtscompetenz angeordneten Maßregeln, sowie für Unterlassungen vorschreiben. Vergl. S. 60, Note 1.

verfolgung der Minister auch wegen durch Unterlassung begangener Pflichtverletzungen möglich sei, so ist der Satz: „keine Verantwortlichkeit ohne Contrasignatur" sinnlos. Die Ansicht Held's steht außerdem in Widerspruch mit den positiven Vorschriften der deutschen Verfassungen.[1]) Sie muß endlich aus inneren Gründen verworfen werden, weil die Annahme, daß die Contrasignatur die absolut nothwendige Form zur Begründung der Verantwortlichkeit sei, zu der absurden Consequenz führen würde, die Minister für die Nichterfüllung der ihnen gesetzlich obliegenden Pflichten, sowie für die innerhalb ihres selbständigen Geschäftskreises vorgenommenen Handlungen unverantwortlich zu erklären. Dadurch könnte aber dann auch die Verantwortlichkeit für die Contrasignatur völlig umgangen werden. Der Minister brauchte nämlich nur jene Verfügungen, welche voraussichtlich Gegenstand einer ständischen Anklage werden könnten, selbständig, ohne den Monarchen zu erlassen, oder umgekehrt nicht contrasignirte Befehle des Souveräns durchzuführen, da ihn in beiden Fällen keine Verantwortlichkeit träfe.[2]) In der That trägt die Gegenzeichnung nach der Seite der Verantwortlichkeit hin einen anderen juristischen Charakter. Während sie in Bezug auf die Vollziehbarkeit und Rechtsverbindlichkeit der fürstlichen Befehle allerdings eine „absolut nothwendige Form" ist, hat sie für die Verantwortlichkeit nur die Bedeutung eines authentischen Beweises der Mitwirkung des Ministers zu dem von ihm contrasignirten Acte des Souveräns. Der Zweck der Contrasignatur, beziehungsweise der Abhängigmachung der Giltigkeit aller Regierungserlässe des Monarchen von derselben besteht darin, wenigstens eine verantwortliche Person zu sichern.[3]) Die Contrasignatur bezeichnet daher stets eine verantwortliche, aber

---

[1]) Eigene Handlungen der Minister sowie Unterlassungen nennen ausdrücklich: Würtemberg, V.-U. 1819, § 52; Altenburg, V.-U. 1831, § 37; Hannover, V.-U. 1848, § 102; Bayern, Gesetz über die Ministerverantw. v. 4. Juni 1848, Art. 6, 9; Schleswig-Holstein, M.-V.-G. 1848, § 1; Schwarzburg-Sondershausen, V.-U. 1849, § 71; Schwarzburg-Rudolstadt, V.-U. 1849, § 6; Sachsen-Weimar, R. Grundgesetze 1850, § 4; Oldenburg, Rev. Staatsgrundgesetz 1852, Art. 12, § 4; Oesterreich, M.-V.-G. v. 25. Juli 1867, § 2; Großh. Baden, Gesetz über die Verantwortlichkeit der Minister v. 20. Februar 1868, § 67a.

[2]) Zöpfl in den Heidelb. Jahrb., S. 645, 648.

[3]) Für ganz besonders wichtige Maßregeln, wie z. B. für provisorische Gesetze, ist daher in den meisten Verfassungen die Contrasignatur des Gesammtministeriums vorgeschrieben.

nicht die ausschließlich verantwortliche Person.[1]) Der contrasignirende Minister ist immer verantwortlich, aber die Gegenzeichnung enthält, wie Zöpfl[2]) richtig bemerkt, keine Indemnitätsbill für jene Minister, welche zu dem betreffenden Acte mitwirkten, ohne ihn zu contrasigniren.[3]) Die Contrasignatur macht nur den Beweis der Mitwirkung des contrasignirenden Ministers überflüssig,[4]) aber sie bestimmt ebensowenig wie die eine Seite der Aufgabe der Minister-

---

[1]) Schwarzburg-Sondershausen, V.-U. 1857, § 12: „Die Verantwortlichkeit für die Verfügungen des Fürsten trifft zunächst diejenigen Mitglieder, welche dieselben mitunterzeichnet haben." — Waldeck, Gesetz 4. Juni 1850, Art. 3: „Für die Verfassungsmäßigkeit der amtlichen Handlungen der Staatsregierung haften diejenigen Mitglieder derselben, welche dazu mitgewirkt, bezüglich den schriftlich gefaßten Beschluß unterzeichnet oder gegengezeichnet haben." Zöpfl, II, S. 422; Bluntschli, Staatswörterb., X, S. 751.

[2]) Heidelb. Jahrb., S. 647.

[3]) Sehr empfehlend ist daher § 67a des Badischen M.-V.-G. vom 6. April 1868, welcher, um die Beweisführung auch bezüglich der mitwirkenden, aber nicht contrasignirenden Minister zu erleichtern, anordnet, daß alle großherzoglichen Verfügungen und Verordnungen in Regierungsangelegenheiten von allen zustimmenden Mitgliedern der obersten Staatsbehörde in Urschrift unterzeichnet werden müssen, während zur Giltigkeit und Vollziehbarkeit derselben die Gegenzeichnung eines Ministers genügt.

[4]) Daher wird auch in jenen Staaten, welche eine Contrasignatur aller Erlässe des Souveräns nicht kennen, der Beweis der Mitwirkung der Minister in anderer Weise erbracht. So ist in England seit Aufhebung der Bestimmung der Acte 12 u. 13 Wilhelm III., Cap. 2, daß alle im Staatsrathe gefaßten Beschlüsse von allen zustimmenden Mitgliedern unterzeichnet werden sollen, der Beweis zur Ueberführung wohl erschwert, aber in der Verantwortlichkeit nichts geändert worden. Jetzt dienen theils die bei vielen Staatsacten übliche Beurkundung durch die verschiedenen Siegel, theils die amtlichen Acte ꝛc. als Beweismittel. Cox, Inst., S. 243. Ueber die Schwierigkeit der Beweisführung bei der Heimlichkeit der Kabinetsberathung vergl. Hallam, const. hist., III, S. 249, und Fischel, S. 493. — Nach der Norwegischen Verf. v. 1814, § 30, und der Schwedischen v. 1809, § 106, wird der Beweis der Mitwirkung eines Ministers durch die Protokolle erbracht, welche im Staatsrathe über alle Regierungsbeschlüsse geführt und dem Storthing vorgelegt werden müssen. Contrasignirt werden die Erlässe durch denjenigen, welcher die Sache vorträgt, und dieser ist dadurch nur für die Uebereinstimmung der Expeditionen mit den Protokollen verantwortlich. Norwegen, § 31; Schweden, § 38. Vergl. Nordenflycht, Schwedische Staatsverf., S. 350. — Wo ein Akt des Souveräns keine Contrasignatur zuläßt, muß der Beweis der Mitwirkung eines verantwortlichen Ministers natürlich immer in anderer Weise erbracht werden.

verantwortlichkeit, die Unverantwortlichkeit des Fürsten unschädlich zu machen, den Umfang derselben. Dieser ergiebt sich vielmehr aus dem allgemeinen und speciellen staatsdienerlichen Verhältniß des Ministers. Das Ministerium ist die oberste Centralbehörde des Staats. Die einzelnen Minister, welche an der Spitze der verschiedenen Zweige der Staatsverwaltung stehen, sind die höchsten Staatsdiener, d. h. diejenigen dem Souverän zugeordneten Gehülfen, welche unmittelbar unter demselben stehen und denen das gesammte übrige Beamtenthum untergeordnet ist. Als solche haben sie nicht blos eine selbständige staatliche Thätigkeit, eine bestimmte Amtscompetenz, sondern sind außerdem berufen, zu allen vom Souverän ausgehenden Staatshandlungen mitzuwirken; sie haben deshalb nicht blos die Verantwortwortlichkeit für alle von ihnen persönlich, ohne oder gegen den Willen des Fürsten, angeordneten Maßregeln, sondern auch für die unter ihrer Mitwirkung zu Stande gekommenen landesherrlichen Verfügungen zu tragen. Die Verantwortlichkeit für die Mitwirkung beruht aber darauf, daß dieselbe eine ganz freie, den innerhalb der selbständigen Amtscompetenz vorgenommenen Handlungen juristisch gleichstehende Handlung des Ministers ist.[1]) Die Pflichtwidrigkeit ist ganz dieselbe, ob der Minister individuell eine gesetzwidrige oder staatsnachtheilige Anordnung getroffen, oder ob er durch seine frei ertheilte Zustimmung einem den Gesetzen oder das Staatswohlfahrt widerstreitenden Regierungsacte des Monarchen rechtliche Existenz gab. In beiden Fällen handelt der Minister frei und selbständig; denn der Minister, welcher durch seine Mitwirkung und Verantwortlichkeit die Irresponsabilität des Souveräns corrigirt, ist nicht der persönliche Diener des Souveräns, welcher allen seinen Befehlen unbedingt gehorchen müßte.[2]) Der persönliche Wille des Staatsoberhaupts, welcher erst durch die nothwendige Zustimmung eines verantwortlichen Ministers zum Staatswillen erhoben wird, hat für diesen selbst keine rechtsverbindliche Kraft. Die Minister sind vielmehr als selbständig mitwirkende Staatsdiener verpflichtet, die Uebereinstimmung des Willens des Souveräns mit den Gesetzen und Interessen des Staats zu prüfen; sie müssen, wollen sie sich keiner Pflichtverletzung schuldig machen, ihre Zustimmung zu schlechten Re-

---

[1]) Kerkhove, S. 47.

[2]) Bluntschli, Allgem. Staatsrecht, II, S. 153.

gierungshandlungen des Fürsten verweigern, eventuell, wenn derselbe auf seinen Willen beharrt, ihr Amt niederlegen.[1]) Wir haben schon früher hervorgehoben, daß in dieser zum Theil selbständigen Stellung der Minister[2]) dem Staatsoberhaupte gegenüber und in deren staatsdienerlichen Pflicht, ihre Zustimmung zu den ungesetzlichen

---

[1]) Vergl. Bayern, Gesetz v. 4. Juni 1848, Art. 7, (S. 41) Norwegen, 1814 § 30: „Findet irgend ein Mitglied des Staatsraths, daß des Königs Beschluß der Staatsform oder den Reichsgesetzen widerstreitet, oder augenscheinlich für Norwegen schädlich ist, so ist es seine Pflicht, kräftige Vorstellungen dagegen zu machen und seine Meinung im Protokoll beizufügen. Derjenige, der nicht in solcher Gestalt protestirt hat, wird angesehen, als ob er mit dem König einig gewesen, ist dafür verantwortlich und kann von dem Odelsthing vor dem Reichsgericht zur Rechenschaft gezogen werden. Schweden, 1809, § 38.

[2]) Auf dieser relativ freien und selbständigen Stellung der Minister gegenüber dem Monarchen beruht nicht allein deren Verantwortlichkeit und Resignationspflicht, sondern es fließt daraus auch mit Nothwendigkeit das in den Verfassungen durchgängig anerkannte Recht des Monarchen, seine Minister nach Belieben zu entlassen. Verweigert der Minister seine Zustimmung zu einem Regierungsacte, auf welchen der Souverän bestehen zu müssen glaubt, so kann er einen anderen Minister ernennen, welcher die Verantwortlichkeit für denselben zu übernehmen geneigt ist. Deshalb ist auch die Parallelisirung des Gebundenseins des Monarchen an die Mitwirkung der Minister mit der nothwendigen Zustimmung der Volksvertretung unrichtig, weil diese aus der Volkswahl hervorgeht oder die Mitglieder dauernd ihre Functionen bekleiden, während die Minister vom Monarchen frei ernannt und entlassen werden. — Da aber der freiwillige Rücktritt oder die Entlassung eines Ministers vom Amte wegen Verweigerung der Theilnahme an einem schlechten Regierungsacte nur die Folge treuer Pflichterfüllung ist, so muß das Gesetz Fürsorge treffen, daß in solchen Fällen den Ministern der Bezug eines angemessenen Ruhegehaltes gesichert werde. In Deutschland gewinnt dieser Umstand noch dadurch erhöhte Bedeutung, daß hier die Minister, wie alle übrigen Staatsdiener, gewöhnlich im Amte die Basis ihrer wirthschaftlichen Existenz haben, und daher, aus persönlichem Interesse viel zäher am Portefeuille festhaltend, leichter geneigt sind, Schwenkungen im Sinne der Regierung gegen die Interessen des Volkes vorzunehmen. Der Einwand, daß dadurch das Budget übermäßig mit Ministerpensionen belastet würde, ist in keiner Weise stichhaltig, da es jedenfalls besser ist, dem Staate finanzielle Opfer aufzulegen, als solche von den Ministern zu verlangen, und dieselben damit in eine bedenkliche, für das Gemeinwohl viel gefährlichere Alternative zu drängen. Vergl. Mohl, S. 65 ff.; Bülau, Die Behörden, S. 126. Buddeus, S. 58 ff., macht den originellen Vorschlag, daß die Pensionen der wegen Verweigerung ihrer Zustimmung zu einem schlechten Regierungsacte des Souveräns zurücktretenden Minister von der fürstlichen Civilliste getragen werden sollen, wird aber mit Recht widerlegt von Mohl, S. 66, Note 3.

oder dem Gemeinwohl schädlichen Verfügungen des Fürsten zu verweigern, keine Verletzung des Princips der fürstlichen Selbstregierung liege. Dem Monarchen wird dadurch nicht das Recht und die Macht, selbst und gut zu regieren, entzogen, sondern es wird nur, da er persönlich für die Erfüllung seiner Rechtspflichten nicht zur Rechenschaft gezogen werden kann, durch die nothwendige Mitwirkung verantwortlicher Organe indirect deren Einhaltung gesichert. Die Ministerverantwortlichkeit begründet aber nicht nur keinen Widerspruch mit dem Grundsatz der Selbstregierung, sondern macht dadurch, daß eine legale Verantwortlichkeit für die Handlungen des Souveräns besteht, die Stellung des Fürsten zu einer würdigeren und sichereren. In der Existenz legaler Mittel und Wege zur Austragung oft unvermeidlicher Conflicte liegt eine Sicherung des Thrones und des Staats gegen gewaltsame Erschütterungen und Krisen.[1])

Aus der bisher erörterten besonderen Stellung der Minister zum Souverän ergiebt sich für die Frage der Verantwortlichkeit eine völlige Gleichstellung der vom Minister individuell und der unter seiner Mitwirkung vom Monarchen ausgehenden Regierungshandlungen. Der Umfang und der Inhalt der Ministerverantwortlichkeit bestimmt sich aber erst genauer, wenn man die allgemeine Staatsdiener-Qualität der Minister schärfer in's Auge faßt. Die Minister haben, wie alle Staatsdiener, ihr Amt pflichttreu zu verwalten, ihre Functionen nach den Gesetzen und Interessen des Staats auszuüben. Sie müssen daher, wie alle übrigen Beamten, nicht blos der ge-

---

[1]) Treffend sagt Constant, De la resp. des minist. (Laboulaye, I, S. 404): „— — si vous ne préparez pas des moyens constitutionnels de réprimer ce mal et de punir ou d'éloigner le coupable, la nécessité fera trouver ces moyens hors de la constitution même." Möhl, Repräsentativsystem, S. 58. Man wendet zwar ein, daß die Verantwortlichkeit der Minister noch niemals Revolutionen verhindert habe. Wir bemerken dagegen, daß nach der geschichtlichen Erfahrung nur jene Länder von Revolutionsstürmen heimgesucht wurden, in denen der Constitutionalismus noch nicht zur Wahrheit geworden und in seiner Existenz stets von den absolutistischen Gelüsten verblendeter Fürsten bedroht war. Daß aber der constitutionelle, durch die Ministerverantwortlichkeit gedeckte Fürst eine edlere und festere Stellung einnimmt, das zu beweisen genügt das Beispiel Frankreichs, wo auf dem autokratischen Kaiser das Odium aller schlechten Regierungsmaßregeln, selbst derjenigen seiner Minister, ruht, und er für alle Fehler in der Staatsleitung moralisch verantwortlich gemacht wird. Vergl. Laboulaye, Le parti libéral, chap. XIII.

meinen strafrechtlichen, sondern auch einer disciplinaren Verantwortlichkeit unterworfen sein, welche alle, insbesondere aber die vom Strafgebiete freigelassenen, gesetzlich aufgelegten oder aus der Natur des Amtes fließenden Pflichten umfaßt. Diese Disciplinar-Verantwortlichkeit der Minister erstreckt sich daher auf alle in ihrem Amte vorgenommenen Handlungen und Unterlassungen, sowie auf jene Privathandlungen, welche geeignet sind, auf das Dienstverhältniß einen nachtheiligen Einfluß zu üben, das Ansehen und die Würde des Amtes zu gefährden. Die Geltendmachung dieser staatsdienerlichen Verantwortlichkeit der Minister, deren hier nur allgemein angedeuteter Umfang des Zusammenhanges wegen erst später bestimmter abgegrenzt werden kann, darf selbstverständlich nicht dem Monarchen ausschließlich überlassen sein, weil ja die Minister durch ihre Mitwirkung und Verantwortlichkeit die Unverantwortlichkeit desselben decken sollen, und somit für jene Fälle, wo die Minister im Einverständniß mit dem Monarchen die Gesetze und Interessen des Staats verletzen, kein Schutz vorhanden wäre. Aber auch bezüglich jener Handlungen, welche die Minister innerhalb ihrer Competenz, ohne oder gegen den Willen des Fürsten, vornehmen, kann die Verantwortlichkeit diesem gegenüber nicht ausreichen, weil es dann in dem Belieben des persönlich unverantwortlichen Monarchen stände, den Schuldigen zur Verantwortung zu ziehen oder nicht. Daß aber, weil keine über den Ministern stehende verantwortliche Behörde existirt, die Realisirung der staatsdienerlichen Verantwortlichkeit der Minister von dem das Volk vertretenden Organ ausgehen muß, wird sich aus dem nunmehr zu erörternden Verhältniß der Volksvertretung zur Regierung klar ergeben.

§ 8.

Das Verhältniß der Regierung zur Volksvertretung.

Die Volksvertretung, als das das Volk in seiner Gesammtheit repräsentirende Organ, hat eine zwiefache Aufgabe: sie ist einmal dazu berufen, bei der Ausübung der Staatsgewalt selbständig mitzuwirken, und sie hat zweitens, auch wo ihr eine solche Mitwirkung nicht zusteht, die Rechte und Interessen des Staats gegenüber der Regierung nach allen Richtungen wahrzunehmen und zu schützen.

Aus der letzteren Aufgabe fließt ihr Recht, die Regierung in deren gesammter Thätigkeit zu controliren. Zwischen diesen beiden anerkannten Rechten der Volksvertretung, dem der Mitwirkung und dem der Controle, besteht ein wesentlicher Unterschied: während das Maß des Antheils der Volksvertretung bei Ausübung der Staatsgewalt genau bestimmt und abgegrenzt ist, weil in vielen Fällen die vorgängige Zustimmung derselben einzuholen unnöthig und schädlich wäre, erstreckt sich das Controlrecht der Volksvertretung naturgemäß über die gesammte Verwaltung des Staats, über die Thätigkeit aller Staatsorgane. Kraft des Controlrechts ist die Volksvertretung nicht befugt, direct auf irgend einen Zweig der Staatsverwaltung einzuwirken, die Thätigkeit der Regierungsorgane unmittelbar zu bestimmen, wohl aber hat sie das Recht und die Pflicht, den Gebrauch der den Regierungsorganen zur Erfüllung ihrer staatlichen Aufgaben überlassenen Mittel zu überwachen, eine umfassende und wirksame Aufsicht über die Erfüllung der denselben aufgelegten Pflichten zu üben.[1]) Das Controlrecht muß sich daher nothwendig auf den Gesammtorganismus des Staats erstrecken, und keine Seite des Staatslebens und der Staatsthätigkeit darf davon ausgeschlossen werden, denn alle Aufgaben und Interessen des Staats sind mit- und untereinander auf das Innigste verknüpft. Die Controle der Volksvertretung bedarf aber, um wirksam zu sein, nothwendig eines rechtlichen Schutzes. Die Beschwerde allein hat durchaus keine Garantie der Wirksamkeit in sich, weil die Gewährung der Abhilfe doch immer in letzter Instanz von der Willkür der Regierung abhängt. Ohne ein juristisch zwingendes Mittel kann die Controle keinerlei Sicherung einer den Rechten, Interessen und Wünschen des Volkes entsprechenden Richtung der Staatsverwaltung bieten. Indem der Controle ein Rechtsmittel, mit dem die Volksvertretung erforderlichen Falles ihrer rechtlichen Ueberzeugung Nachdruck zu geben vermag, schützend und sichernd zur Seite gestellt wird, wird erst eine wirkliche Wahrnehmung der Rechte und Interessen des Volkes möglich gemacht, ohne daß deshalb die Regierung in die Kammern verlegt zu werden braucht. Das Letztere wäre der Fall, wenn der Volksvertretung ein Recht der Entscheidung über die Regierung eingeräumt würde, nicht aber, wenn ihr nur die Befugniß gegeben wird, ein

---

[1]) Bluntschli, Allgem. Staatsrecht, I, S. 527.

rechtliches Urtheil über die Regierung zu provociren. Durch das Rechtsmittel der Anklage hat die Volksvertretung nicht das Recht, über die Regierungsorgane zu urtheilen, dieselben durch ihren Ausspruch vom Amte zu entfernen oder in dieser Richtung einen Zwang auf das Staatsoberhaupt zu üben, sondern sie empfängt damit nur die Befugniß, in den äußersten Fällen einen Spruch eines Gerichtshofs, ein förmliches Urtheil, zu veranlassen, ob ein Staatsdiener wegen schwerer Verletzung seiner Pflichten aus dem Amte zu entfernen sei. Nur dann würde die königliche Gewalt lahmgelegt sein, wenn der Grundsatz rechtliche Anerkennung und Geltung erhielte, daß die Träger der Regierung auf Wunsch oder Ausspruch der Volksvertretung vom Amte entfernt werden müssen;[1]) nur dann wäre das Princip der Monarchie verletzt und eine „parlamentarische Regierung“ rechtlich begründet, wenn das Staatsoberhaupt juristisch gezwungen wäre, dem Beschlusse einer politischen Körperschaft auf Entfernung eines Staatsdieners vom Amte Folge zu geben.[2]) Hin-

[1]) In England hat der Grundsatz, daß die Minister, welche die Majorität des Unterhauses nicht besitzen, vom Amte zurücktreten müssen, seit 1688 zwar politische Geltung erlangt, aber auch hier ist er nicht als Rechtssatz anerkannt. Das impeachment, die eigentlich juristische Verantwortlichkeit, ist daher keineswegs, wie vielfach angenommen wird, absolet, wenn auch die Anwendung desselben in Folge der Geltung jenes politischen Grundsatzes nicht nothwendig ist. Das Schicksal der Minister liegt schließlich allerdings in den Händen des Unterhauses, aber der Verlust des Amtes in Folge eines Wechsels der politischen Meinungen und der Parteimajoritäten erscheint nicht als Strafe für ein begangenes Unrecht. Gegen wirklich schwere Pflichtverletzungen der Minister würde auch jetzt auf rechtlichem Wege vorgegangen werden. Vergl. über den Grundsatz der „parlamentarischen Regierung“ und dessen Verhältniß zur juristischen Verantwortlichkeit insbesondere Gneist, II, S. 706—709; Fischel, S. 493 ff.

[2]) Jedoch findet sich dieser Satz, welcher mit dem Princip der constitutionellen Monarchie in Widerspruch steht, bezüglich der Minister in einzelnen Verfassungen. Polen, Verf. v. 3. Mai 1791, Art. 7: „Im Falle hingegen, daß beide auf dem Reichstage vereinigte Stuben mit einer Mehrheit von zwei Drittheil Stimmen die Entfernung eines Ministers aus dem Staatsrath oder aus seiner Stelle verlangten, soll der König gehalten sein, sogleich einen Anderen an dessen Stelle zu ernennen.“ (Pölitz, III, S. 13.) Hannover, V.-U. v. 10. April 1848, § 102: „Die allgemeine Ständeversammlung ist befugt, diese Verantwortlichkeit durch eine an den König selbst gerichtete Beschwerde geltend zu machen, welche die Entlassung der Minister oder des Ministers zur Folge haben soll.“ — Mit dem monarchischen Princip schwer vereinbar ist daher auch die Einrichtung in Schweden (Verf. v. 1809, § 107) nach welcher die Reichsstände in jenen Fällen,

gegen wird durch das Recht der Volksvertretung, die Staatsdiener überhaupt oder mindestens die höchsten Beamten vor einem Gerichtshof förmlich anzuklagen, der königlichen Gewalt in keiner Weise nahegetreten.

Aus der Stellung der Volksvertretung und dem Wesen des ihr zustehenden Controlrechts ergiebt sich aber nicht allein mit innerer Nothwendigkeit das Recht der Anklage, sondern entscheidet sich auch die vielbestrittene, in der Gesetzgebung und der Theorie verschieden beantwortete Frage,[1]) ob dasselbe dort, wo die Gesammtvertretung des Landes aus zwei Körperschaften besteht, jeder derselben unabhängig oder nur beiden gemeinsam zustehen soll. Auch hier ist der oben angegebene Unterschied zwischen dem Rechte der Mitwirkung und dem der Controle von entscheidender Bedeutung. Wie es nämlich in der Natur der Sache liegt, zur Mitwirkung bei Ausübung der Staatsgewalt, wo es sich meist um Feststellung dauernder Grundsätze für den ganzen Staat handelt, eine Uebereinstimmung beider Vertretungskörper, welche in ihrer Vereinigung die Gesammt-

---

wo ein Staatssecretär sein Amt nicht mit „Unparteilichkeit, Eifer, Geschicklichkeit und Thätigkeit" verwaltet, ihren Wunsch auf Entfernung desselben schriftlich dem König mitzutheilen haben, dieser aber rechtlich verbunden ist, denjenigen, gegen welchen eine solche reichsständische Beschwerde erhoben wird, vom Amte zu entfernen. Vergl. den Aufsatz: „Constitution de la Suède" von Lindeblad in der Revue étrangère et française, Band III, (1837) S. 58—60.

[1]) In jenen Staaten, in welchen die Gerichtsbarkeit über die Minister dem Oberhause übertragen ist, geht die Anklage natürlich nur vom Repräsentantenkörper aus. Dies ist der Fall in England, Amerika, Frankreich (nach den Charten von 1814 u. 1830), Brasilien, Ungarn, Portugal und Spanien (1845). Das badische M.-V.-G. v. 20. Febr. 1868, § 67a, giebt, weil die erste Kammer zur Bildung des Staatsgerichtshofs herangezogen wird, das Anklagerecht ausschließlich der zweiten Kammer. Auch nach der Norwegischen Verf. v. 1814, § 30, steht, aus demselben Grunde, die Anklage nur dem Odelsthing zu.

Von den Verfassungen, welche, obgleich der Gerichtshof nicht aus der Pairskammer gebildet wird, der Deputirtenkammer das ausschließliche Anklagerecht übertragen, sind zu nennen: Belgien, 1831, § 134; holländisches Verantwortlichkeitsgesetz v. 22. April 1855, § 4 (doch steht hier dem König ebenfalls das Anklagerecht zu). In Schweden, Verf. 1809, § 106, wird die Anklage auf Veranlassung des Verfassungsausschusses vom ständischen Justizsachwalter eingeleitet.

Eine Uebereinstimmung beider Kammern verlangen ausdrücklich: K. Sachsen, V.-U. 1831, § 141; Bayern, V.-U. 1818, Tit. X, § 6.

Jeder Kammer ist das Anklagerecht zugesprochen in Würtemberg, 1819, § 198; Preußen, V.-U. 1850, § 61; Oesterreich, M.-V.-G. v. 25. Juli 1867, § 7.

heit des Volkes repräsentiren, gesetzlich zu verlangen, ebenso natürlich ist es, daß jedem einzelnen Factor der Gesammtvertretung, unabhängig von dem Andern, das Recht zustehen muß, die Staatsverwaltung zu überwachen, auf Abstellung von Mißständen und Mißbräuchen hinzuwirken, drohende Verletzungen der Staatsinteressen zu verhindern und gegen bereits geschehene wirksam zu reagiren.[1]) Für die Ueberlassung des Anklagerechts an jede einzelne Kammer sprechen aber auch gewichtige politische Erwägungen. Macht man die Anklage von der Uebereinstimmung beider Kammern abhängig, so wird dieselbe leicht illusorisch und die ganze Verantwortlichkeit zu einem leeren Schein. Eine Verständigung zwischen den beiden, aus so verschiedenen Elementen gebildeten Vertretungskörpern wird fast immer unmöglich sein. Dadurch wäre aber ein Minister, welcher sich bei Verfolgung einer staatsgefährlichen und verderblichen Richtung auf eine Kammer stützte, welcher unter Förderung der Interessen der einen die Rechte und Interessen der anderen Kammer verletzte, vor jeder Anklage gesichert.[2]) Das Resultat unserer Auseinandersetzung ist somit, daß jeder einzelnen Kammer, unabhängig von der

---

[1]) Von den Theoretikern hat sich vorzugsweise Mohl, S. 232—238, für die unabhängige Ausübung des Anklagerechts durch jede Kammer ausgesprochen. Ebenso Kerkhove, S. 140. Dagegen ist Buddeus, S. 64, im Ganzen für eine Uebereinstimmung beider Kammern; er will jedoch jeder einzeln das Anklagerecht für jene Fälle zugestehen, wo durch eine Regierungshandlung die eine Kammer oder der von ihr vorzugsweise repräsentirte Theil der Bevölkerung zum Nachtheil der anderen Kammer oder des übrigen Theils des Volkes bevorzugt würde. Man muß sich entschieden gegen diese Beschränkung, sowie gegen die ausschließliche Uebertragung des Anklagerechts an die zweite Kammer, erklären. Denn wenn auch zugegeben werden muß, daß wegen der Natur der Zusammensetzung des Oberhauses, auf welche die Regierung einen entscheidenden Einfluß übt, eine Ausübung des Anklagerechts durch diese Körperschaft zu den Seltenheiten gehören wird, so muß man ihr doch aus dem Grunde das Anklagerecht zuerkennen, weil die Befugniß beider Körperschaften in Bezug auf die Controle der Staatsverwaltung und der Wahrung der öffentlichen Rechte und Interessen durchaus gleich sind. Vergl. auch Mohl, S. 237, 238.

[2]) Ein schlagendes, wenn auch nur bei Gesetzesverletzungen zutreffendes Argument für die unabhängige Ausübung des Klagerechts durch jede Kammer findet Bähr, (Der Rechtsstaat, S. 81 u. 185) mit Recht darin, daß andernfalls dem Minister die Möglichkeit gegeben ist, das Gesetz, welches nur mit Zustimmung beider Kammern rechtlich abgeändert werden kann, mit der Zustimmung einer Kammer thatsächlich zu brechen.

Zustimmung der anderen, das Anklagerecht eingeräumt werden muß. Daran reiht sich nun die Frage, gegen welche Subjecte das Anklagerecht der Volksvertretung ausgeübt werden soll. An und für sich müßte der Vertretung des Volkes das Recht zustehen, alle Staatsdiener, welche sich bei Ausübung ihrer staatlichen Functionen schwerer Pflichtverletzungen schuldig machten, zur Rechenschaft zu ziehen.[1]) Die

---

[1]) Eine Verantwortlichkeit aller Staatsdiener gegenüber der Volksvertretung wird vorzugsweise von französischen Schriftstellern vertheidigt. Schon Mirabeau, Choix de rapports, T. I, S. 236, sagte: „La responsabilité serait illusoire, si elle ne s'étendait depuis le premier ministre jusqu'au dernier sbirre." Auch Constant, dem es hier wieder um eine Uebertragung englischer Institution zu thun ist, wobei er aber vielfach das Klagerecht vor den gewöhnlichen Gerichten mit dem impeachment verwechselt, fordert mit Entschiedenheit eine Verantwortlichkeit aller Staatsdiener. De la resp. des minist. (Laboulaye, I, S. 393 ff.) Vergl. dagegen die Widerlegung von Buddeus, S. 45 ff.

Mohl, S. 52, will ein Anklagerecht der Volksvertretung gegen untere Beamte wegen Verletzungen der Verfassung, welche dieselben selbständig, ohne formell giltigen Befehl einer Oberbehörde, begangen haben. Dies ist nur in einer einzigen deutschen Verfassung (Sachsen-Coburg-Gotha, V.-U. 1852, § 165) anerkannt.

Nach den französischen Verfassungen von 1791, 93 und 99 waren nur die Minister der Volksvertretung verantwortlich. Charakteristisch ist die Ausdehnung dieser Verantwortlichkeit durch ein Sen.-Conf. v. 1804, Art. 111, auf die Generalcapitäne und Präfecten der Colonien, die Befehlshaber in den Niederlassungen außerhalb des Festlandes, die obersten Ministerialbeamten, die Generale und Admirale und die Präfecten des Landes. Ebenso wurde in den Additionalartikeln zu der Verf. v. 1815, Art. 41, die Verantwortlichkeit auf alle Armeecommandanten zu Land und zu Meer „pour avoir compromis la sûreté ou l'honneur de la nation" ausgedehnt.

In England besteht keine eigentliche Ministerverantwortlichkeit. Jeder kann durch impeachment von Seiten des Unterhauses beim Hause der Lords angeklagt werden. Doch ist der Gesichtspunkt, welcher sich durch die ganze Entwickelung des Instituts hinzieht, maßgebend, daß das impeachment nur gegen mächtige und einflußreiche Verbrecher in Anwendung kommen soll. May, a practical treatise, S. 499: „impeachment are reserved for extraordinary crimes and extraordinary offenders; but by the law of parliament all persons, whether peers or commoners, may be impeached for any crime whatever." Jefferson, IX, S. 82. Ebenso spricht Blackstone (IV, S. 260) von „great offenders" und Cox, Inst., S. 459, von „powerful criminals". Vergl. über den Streit, ob Commoners impeachable sind, Cox, S. 460; May a. a. O.; Fischel, S. 462 ff.

Nach der Verfassung der vereinigten Staaten sind alle „civil officers" dem Senat verantwortlich. Ueber den Grund des Ausschlusses der Militärbeamten vergl. Story, Commentaries, I, S. 549 ff.

Ausdehnung des ständischen Anklagerechts auf die den Ministern untergeordneten Staatsdiener erweist sich aber als nicht unbedingt nothwendig, ja es sprechen sogar nicht unbedeutende Gründe für eine Beschränkung desselben auf die Minister. Jene Ausdehnung ist nicht unbedingt nothwendig, weil die verantwortlichen Minister als die höchsten Staatsdiener, denen das ganze Beamtenthum untersteht, in der Lage und verpflichtet sind, Abhilfe zu schaffen und diejenigen Staatsbeamten, gegen welche die Stände Beschwerde führen, in geeigneter Weise zur Verantwortung zu ziehen,[1]) und weil die Minister, welche der ständischen Beschwerde keine Abhilfe gewährten, sich selbst einer schweren Pflichtverletzung schuldig machen und einer Anklage aussetzen würden.[2]) Erwägt man ferner, daß die Ausübung des ständischen Anklagerechts gegen die unteren Staatsdiener leicht den geordneten Gang der Regierung und Verwaltung stören und die Selbständigkeit der Gerichte[3]) gefährden könnte, so muß man sich, da hier in der Beschwerde ein wirksames Schutzmittel gegeben ist, gegen dieselbe erklären.[4]) Es genügt, wenn der Volksvertretung

---

[1]) Rotteck in Aretin's const. Staatsrecht, III, S. 215; Rößler, Studien, II, S. 63 ff.

[2]) Dies ist klar ausgesprochen in der V.-U. Reuß j. L. 1852, § 109: „Unerlaubte Handlungen oder Versehen und Nachlässigkeiten der unteren Staatsdiener können der Volksvertretung zur Ausübung dieses Rechts (der Anklage) nur dann Veranlassung geben, wenn deshalb bei der zuständigen höheren Behörde und zuletzt beim Ministerium vergebens Klage geführt worden, und dieses eben dadurch, daß solches vergeblich gewesen, sich selbst einer schweren Pflichtverletzung schuldig macht." Zöpfl, II, S. 416. — Wie auch Held (Verfassungsrecht, II, S. 362, N. 2), der die Contrasignatur als die absolut nothwendige Form zur Begründung der Verantwortlichkeit bezeichnet, das Anklagerecht gegen die unteren Staatsdiener deswegen für überflüssig halten kann, weil gegen die Minister, welche keine Abhilfe schaffen, eine Anklage zuläßig sei, ist nicht wohl einzusehen. Nach Held's Ansicht von dem Umfang der ministeriellen Verantwortlichkeit (vergl. oben S. 59) müßte, um eine Anklage wegen Nichtabhilfe begründen zu können, der Minister in einer von ihm contrasignirten Verfügung des Souveräns erklären, daß er keine Abhilfe schaffen wolle.

[3]) K. S. Zachariae, Vierzig Bücher vom Staate, I, 3, S. 268.

[4]) Die deutschen Verfassungen geben der Volksvertretung gegen untere Staatsdiener entweder nur ein Beschwerderecht (Baden, Gesetz v. 5. Oct. 1820, § 3; K. Sachsen, V.-U. 1831, § 110; Reuß j. L., V.-U. 1850, § 109) oder das Recht, eine ordentliche Untersuchung zu beantragen oder zu veranlassen (Kurhessen, V.-U. 1831, § 101; Oldenburg, Rev. Staatsgrundgesetz 1852, § 208; Braunschweig, N. L.-O. 1832, § 108) oder ein subsidiäres Klagerecht (Sachsen-Meiningen,

das Recht der Anklage der Minister zusteht. Diesen gegenüber ist es aber auch unentbehrlich, weil die Beschwerde hier völlig unzureichend ist. Die Minister sind als die höchsten Staatsdiener nur dem Monarchen untergeordnet, welcher aber, da er persönlich unverantwortlich ist, auch für die Nichtberücksichtigung der ständischen Beschwerde nicht zur Rechenschaft gezogen werden könnte. Wäre der Monarch einer rechtlichen Verantwortlichkeit unterworfen, dann würde auch bezüglich der Pflichtverletzungen der Minister die Beschwerde eine vollwirksame und ausreichende Garantie besitzen, weil dann der Fürst für die Nichtbeachtung derselben persönlich tenent wäre. Aus der Unverantwortlichkeit des Staatsoberhaupts und der Nichtexistenz einer höheren über den Minister stehenden verantwortlichen Behörde ergiebt sich mit zwingender Nothwendigkeit, daß der Volksvertretung die freie Alternative zustehen muß, ob sie, auf den guten Willen des Monarchen vertrauend, bei diesem Beschwerde gegen pflichtwidrige Minister führen, oder ob sie, wenn diese erfolglos bleibt, oder auch ohne vorherige Beschwerde, bei dem zur Aburtheilung der ministeriellen Pflichtverletzungen berufenen Gerichtshof Anklage erheben will.[1])

V.-U. 1829, § 88; Braunschweig, N. L.-O. 1832, § 108, l. 3). Vergl. Zöpfl, II, S. 416, 417; H. A. Zachariae, Deutsches Staats- und Bundesrecht, I, S. 315.

Auch bei Berathung der nordamerikanischen Unionsverfassung war der Gedanke vorherrschend, daß es genüge, den höchsten Leiter der Staatsverwaltung dem Senat gegenüber verantwortlich zu machen, und nur der Gleichheit wegen wurde das impeachment auf alle Civilbeamte ausgedehnt. Curtis, history, II, S. 262: „This point having been settled in relation to impeachments of the president, the trial of impeachments of all other civil officers of the United States was, for sake of uniformity, confided to the Senate."

[1]) In der Commission der badischen ersten Kammer wurde gelegentlich der Berathung des neuesten Ministerverantwortlichkeitsgesetzes die interessante Frage angeregt, ob nicht auch dafür gesorgt werden sollte, daß durch ein gerechtes und die politischen Interessen würdigendes Gerichtsverfahren den obersten Autoritäten der im Lande anerkannten Kirchen die fernere Anerkennung ihres Amtes entzogen werde, wenn dieselben, ohne sich eines im Strafgesetze mit Strafe bedrohten Verbrechens schuldig zu machen, „sich um das Verfassungsrecht nicht kümmern und ihr kirchliches Ansehen dazu mißbrauchen, die Staatsordnung zu gefährden und die Wirksamkeit der Gesetze zu behindern." (Vergl. Bluntschli, Commissionsbericht an die erste Kammer, Beil. Nr. 66 zu der Sitzung v. 19. October 1867, S. 4.) So sehr sich in jenen Ländern, in welchen die höchsten kirchlichen Autoritäten dem modernen Staat feindlich gegenüberstehen und durch ihren großen moralischen Einfluß schädlich auf das staatliche Leben wirken, eine derartig ge-

Der Umfang dieses der Volksvertretung nothwendigerweise zustehenden Anklagerechts gegen die Minister wird aber gleichmäßig bestimmt durch den Umfang der staatsdienerlichen Pflichten der letzteren und den Umfang des Controlrechts der ersteren. Das Controlrecht der Volksvertretung erstreckt sich über die Gesammtthätigkeit der Regierung, welche ihrerseits in den Ministern repräsentirt erscheint. So correspondirt das Anklagerecht der Volksvertretung naturgemäß mit den Pflichten der Minister. Wir müssen jedoch, gegenüber den vielfachen Unklarheiten in der Theorie und Gesetzgebung, versuchen, die Kategorien von Handlungen genauer zu bestimmen, welche in den Bereich des ständischen Anklagerechts fallen, weil sie einerseits eine Verletzung der staatsdienerlichen Pflichten enthalten und andererseits direkt oder indirekt die von der Volksvertretung wahrzunehmenden Interessen des Staats schädigen. Die Minister können sich, wie alle Staatsdiener, eines Unrechts schuldig machen durch

1. Handlungen und Unterlassungen, welche in den gemeinen Strafgesetzen als gemeine oder Amtsverbrechen mit bestimmten Strafen bedroht sind, und welche zugleich eine Verfassungsverletzung enthalten können;

2. Handlungen, welche, ohne in einem gewöhnlichen Strafgesetze verpönt zu sein, sich als reine Verletzungen der Verfassung oder der Verwaltungsgesetze darstellen;

3. Handlungen, welche, ohne überhaupt gegen eine bestimmte Gesetzesvorschrift zu verstoßen, eine schwere Verletzung der aus der Natur des Amtes fließenden Pflichten enthalten.

Alle diese Handlungen können in oder außer dem Amte vorgenommen sein.

Was nun

1. jene Handlungen der Minister betrifft, welche in den gewöhnlichen Strafgesetzen verpönt sind, so gehört selbstverständlich die eigentliche Aburtheilung derselben den gewöhnlichen competenten

---

setzlich regulirte Verantwortlichkeit empfehlen möchte, so könnte doch niemals die Anklage von der Volksvertretung ausgehen. Denn in diesem Falle handelt es sich nicht um schlechte Ausübung der Staatsgewalt durch die Regierung, sondern um einen Mißbrauch der kirchlichen Autorität zur Störung der staatlichen Ordnung, gegen welchen eben deshalb nicht die Volksvertretung, sondern der Staat selbst durch seine zur Aufrechthaltung der Rechtsordnung allgemein bestimmten Organe wirksam reagiren muß.

Strafgerichten. Es ist aber einleuchtend, daß ein Staatsdiener, welcher sich einer strafgesetzwidrigen Handlung, eines gemeinen oder Amtsverbrechens schuldig macht, auch die Staatsdienstpflicht schwer verletzt. Ein Minister, welcher einer criminell strafbaren Handlung beschuldigt ist, kann unmöglich fernerhin an der Spitze der Staatsleitung stehen, es kann ihm nicht mehr die Wahrung der höchsten Interessen des Staats überlassen bleiben. Die Volksvertretung muß auch in diesen Fällen, selbst wenn keine Verfassungsverletzung vorliegt, das Recht haben, die Entfernung des Ministers durch Anklage vor dem Staatsgerichtshofe zu veranlassen. Bei den Ministern muß hier sogar im Gegensatz zu den übrigen Staatsdienern, bei denen das disciplinare und criminelle Verfahren parallel laufen, die Anklage der Volksvertretung in der Regel vorangehen; denn da in den meisten Staaten die Einleitung der strafgerichtlichen Untersuchungen wegen Amtsverbrechen von der Bewilligung der höheren Behörde abhängig gemacht ist,[1]) so wäre eine strafgerichtliche Verfolgung der Minister wegen Amtsverbrechen geradezu unmöglich, so lange dieselben im Amte bleiben. Ebenso wäre eine Verfolgung der Minister wegen gemeiner Verbrechen bei der Abhängigkeit der mit der öffentlichen Anklägerschaft ausschließlich betrauten Staatsanwaltschaft von der Regierung leicht zu verhindern. Hier muß also, wenn der Monarch den Minister nicht vorher entläßt, schon im Interesse der allgemeinen Rechtsordnung die Realisirung der im gemeinen oder Amtsverbrechen liegenden Pflichtverletzung, so weit sie sich auf den Staatsdienst bezieht, durch die Volksvertretung vorangehen, weil erst durch die Zerstörung der ministeriellen Autorität und Lösung des Staatsdienstverhältnisses eine Verfolgung durch die gemeinen Gerichte ermöglicht und gesichert wird.[2])

---

[1]) Heffter, N. Archiv des Criminalrechts, XIII, S. 161; Dollmann in Bluntschli's Staatswörterbuch, I, S. 223.

[2]) Nach der nordamerikanischen Unionsverfassung ist ein impeachment auch wegen aller Verbrechen des common law zulässig, obgleich das Urtheil des Senats sich nur auf das Staatsdienstverhältniß beziehen kann.

Baden, M.-V.-G. v. 20. Februar 1867, § 67c: „Wird ein Minister oder ein Mitglied der obersten Staatsbehörde beschuldigt, zugleich mit der im § 67a erwähnten Verletzungen, oder auch ohne eine solche, ein Staatsverbrechen oder gemeines Verbrechen durch Mißbrauch seines Amtes begangen zu haben, so ist die zweite Kammer befugt, zu beantragen, daß der Staatsgerichtshof den Beschul-

Die Anklage der Volksvertretung ist ferner

2. begründet, wenn der Minister, einerlei ob in oder außer dem Amte,[1]) eine ihm durch die Verfassung oder durch sonstige Gesetze, insbesondere Verwaltungsgesetze aufgelegte Pflicht verletzt.

Die ständische Anklage umfaßt endlich

3. alle Amts- oder Privathandlungen, welche nicht gegen positive Vorschriften der Gesetze verstoßen, aber eine schwere Verletzung der aus der Natur und dem Wesen des Ministeramtes fließenden Pflichten enthalten. Die Minister haben als die höchsten Diener des Staats nicht blos die gesetzlichen Schranken pünktlich zu beachten, sondern sind verpflichtet, ihr Amt treu zu verwalten, die ihrem Schutze anvertrauten Interessen des Gemeinwesens nach allen Seiten hin zu fördern.[2]) Sie müssen für die gewissenhafte Erfüllung

---

digten wegen dieses Vergehens vor das zuständige ordentliche Strafgericht verweise. Dieser Antrag ist in der § 67a vorgeschriebenen Form zu beschließen und mit der Anklage, wo eine solche stattfindet, zu verbinden, anderseits aber selbständig beim Staatsgerichtshofe zu stellen."

In Belgien ist durch das Gesetz v. 19. Juni 1865, Art. 3 u. 4, der Kammer das Recht zuerkannt, nicht blos die strafrechtliche Verfolgung der Minister zu autorisiren, sondern auch den Generalprocurator beim Cassationshof mit der Verfolgung der gemeiner Verbrechen beschuldigten Minister zu beauftragen, oder direkt an der Verfolgung durch Bestellung von Commissionen, welchen die Functionen der Staatsanwaltschaft zustehen, Theil zu nehmen. Vergl. Kerkhove, S. 224 ff.

Auf eine Verdunklung des Princips beruht die Vorschrift des Oesterr. M.-V.-G. v. 1866, § 8, wonach zwar jedem der beiden Häuser das Recht gegeben wird, strafbare Handlungen der Minister, welche unter das gemeine Strafgesetz fallen, so weit sie mit der öffentlichen Function des Ministers in Verbindung stehen, zum Gegenstand der Anklage zu machen, der Staatsgerichtshof aber in diesem Falle für ausschließlich zuständig erklärt wird, so daß, was ganz unzulässig ist, selbst die bei den ordentlichen Gerichten bereits anhängigen Untersuchungen an denselben abgetreten werden müssen. Vergl. auch § 33 des Preußischen Entwurfs (John, S. 591.)

[1]) Auch bei Verfassungsverletzungen darf kein Unterschied gemacht werden zwischen amtlichen und außeramtlichen Handlungen. Man denke an folgenden Fall: ein Minister schickt an alle Beamte des Landes Privatschreiben, worin er dieselben als Privatmann, nicht in seiner Eigenschaft als Minister, auffordert, gewisse Candidaten zu wählen oder ihren ganzen Einfluß für die Wahl derselben einzusetzen, hinzufügend, daß nach seiner privaten Ueberzeugung der Zuwiderhandelnde leicht das Vertrauen der Regierung und seine Stelle verlieren könnte.

[2]) Rotteck: „Jeder hat das heilige Recht, von dem Minister eine gewissenhafte, sorgfältige, treue, rein auf das Wohl der Gesammtheit hinzielende Verwaltung zu verlangen." Vergl. Verhandlungen der zweiten badischen Kammer, 1831, Heft 23, S. 220.

dieser aus der Natur des Amtes fließenden Pflichten ebenso verantwortlich sein, wie für die genaue Beobachtung der Gesetze; denn die Mißachtung jener Pflichten, welche im Wesen des Staatsamtes ihre Quelle haben, ist nur der Form nach von den Gesetzesverletzungen verschieden.[1]) Daß es bei den weitverzweigten Geschäften der Minister, bei den mannigfachen Verwickelungen, welche die wechselvollen Zeiten im Leben des Staats herbeiführen, unmöglich ist, ihre Wirksamkeit durch Gesetze in allen Details zu normiren; daß man ihnen zur Erreichung der staatlichen Zwecke eine große Freiheit der Bewegung überlassen muß, steigert nur die Größe der Verantwortlichkeit für eine pflichttreue, dem Staatswohl wahrhaft entsprechende Geschäftsführung. Wie jeder niedere Staatsdiener für die pflichttreue Verwaltung seines Amtes einstehen muß, so ist es um so nothwendiger, daß es ein Mittel gebe, die höchsten Staatsdiener, welche die positive Pflicht haben, die Wohlfahrt des Staats zu fördern, über die gesammten Interessen des Volkes zu wachen und den Staat vor Gefahren zu schützen, zur Verantwortung zu ziehen, wenn sie, selbst ohne das formelle Recht zu verletzen, in pflichtwidriger Weise den Staat empfindlich gefährden, die Interessen der Bürger außer Augen lassen oder verletzen, durch willkürliche, von keinem Bedürfnisse gebotene Unternehmungen Bedrängnisse und Verlegenheiten bereiten. Wenn ein Minister des Handels, welcher die Pflicht hat, die gewerblichen und commerziellen Interessen, das materielle Gedeihen des Volkes zu fördern, einen für den Staat günstigen Zoll- oder Handelsvertrag abzuschließen unterläßt, oder umgekehrt einen solchen schließt, welcher dem andern contrahirenden Staate unzweifelhafte Vortheile zuweist, die einheimische Industrie aber schwer schädigt; wenn ein Finanzminister durch leichtsinnige Geldoperationen den Credit des Staats benachtheiligt oder ihn gar an den Rand des Bankerotts bringt; wenn ein Minister des Innern sich weigert, dringende unentbehrliche Reformen durchzuführen, ein Kriegsminister in pflichtwidriger Weise versäumt, für die Sicherheit, Machtstellung oder Wehrkraft des Staates zu sorgen, oder ein Minister des Aeußeren

---

[1]) Kerkhove, S. 121: „Dans ce cas, comme dans celui où le ministre a enfreint un texte de loi, il y a un mépris de devoirs, et la circonstance que le législateur n'a pas formellement imposé telle ou telle obligation aux ministres ne peut modifier leur responsabilité, et les devoirs naturellement inhérents à leur charge et à leur qualité."

durch die schlechte Leitung seiner Geschäfte den Staat in einen unnützen, seine Integrität und seine Existenz bedrohenden Krieg verwickelt, oder ein Justizminister durchgängig parteiische Richter ernennt, so muß ihnen, wie jedem anderen Staatsdiener, der sein Amt schlecht verwaltet, das Amt entzogen werden.[1]) Allerdings wäre es ungerecht, die Minister für jeden Mißerfolg ihrer Maßregeln, für jeden unglücklichen Ausgang ihrer Unternehmungen verantwortlich zu machen; denn obgleich man von den höchsten Dirigenten der Staatsverwaltung verlangen kann, daß sie die Bedeutung der ihnen anvertrauten Interessen der Gesammtheit würdigen, daß sie die Wahrscheinlichkeit und den Grad nützlicher oder schädlicher Wirkung ihrer Anordnungen, die sachliche Zweckmäßigkeit derselben genau erwägen, so muß man doch zugeben, daß die bestberechneten Operationen mißglücken, die mit größter Gewissenhaft und Aussicht auf Erfolg eingeleiteten Unternehmungen durch Mißgeschick einen unglücklichen, für den Staat schädlichen Ausgang nehmen können. Nicht für den, in gewissem Grade wenigstens, immer vom Zufall abhängigen Erfolg ist der Minister tenent, sondern dafür, daß er Alles gethan, was seine Pflicht gebot, daß er im wahrhaften Interesse des Staats und mit pflichtgemäßer Sorgfalt gehandelt habe. Aber ebensowenig der Minister für den bloßen Erfolg einsteht, ebensowenig ist es zur Begründung einer Anklage nothwendig, daß wirklich schon ein Schaden, ein reeller Nachtheil für den Staat entstanden sei. Auch jenen Ministern, deren Maßregeln, wiewohl auf Benachtheiligung der Staatsinteressen gerichtet oder solche herbeizuführen geeignet, durch einen glücklichen Zufall keinen schlimmen Erfolg hatten, muß das Amt entzogen werden, weil die Fortführung desselben für den Staat verderblich werden könnte.[2]) Ja selbst eine von glücklichem Erfolge begleitete Anordnung kann eine Anklage be-

[1]) Vergl. insbesondere Bluntschli's vortreffliche Bemerkungen über Mißregierung im Staatswörterb., X, S. 752; Kerkhove, S. 119—122; Constant, De la resp. des minist. (Laboulaye, I, S. 403 ff.) In dem Gesetzentwurf über die Verantwortlichkeit der Reichsminister wurde der Versuch gemacht, einzelne Fälle von Mißregierung aufzuzählen, aber nicht um dadurch die Verantwortlichkeit in dieser Richtung erschöpfend zu bestimmen, sondern nur, wie Mittermaier (Ausschußbericht, S. 152) sich ausdrückt, zur Verdeutlichung des Princips.

[2]) Gegen Kerkhove, S. 120.

gründen, wenn der Minister zur Herbeiführung desselben sich solcher Mittel bediente, deren Gebrauch an sich eine schwere Pflichtwidrigkeit enthielt. Die Verantwortlichkeit ist überhaupt da begründet, wo eine Handlung des Ministers die Folge schlechter Gesinnung, einer schweren Nachlässigkeit, der unzureichenden Leitung des Amtes oder in der Geschäftsführung begangener Fehler ist; denn der Staat und die Interessen seiner Bürger müssen in gleicher Weise gegen den bösen Willen, wie gegen die Nachlässigkeit, Unfähigkeit und Ungeschicklichkeit geschützt sein.[1]) Die Minister, denen die Gesammtheit der öffentlichen Interessen anvertraut ist, müssen noch in höherem Maße als die übrigen Staatsdiener durch Redlichkeit, Gewissenhaftigkeit, Pflichttreue und ausgezeichnete Begabung die Garantien einer gedeihlichen Leitung des Staatswesens bieten. Sie müssen in allen diesen Beziehungen die Vorbilder des gesammten Beamtenthums sein. — Deshalb kann unter Umständen, wie bei allen Staatsdienern, eine reine Privathandlung des Ministers, welche mit der Amtsführung direkt nichts zu thun hat, eine Entfernung vom Amte, beziehungsweise eine Anklage nöthig machen, wenn dieselbe insofern eine schwere Pflichtverletzung enthält, als sie geeignet ist, die Würde des Amtes zu gefährden, den Ministern die Verachtung des Volkes zuzuziehen.

Der Grundsatz der Verantwortlichkeit der Minister für Mißregierung, für die Verletzung der aus der Natur ihres Amtes fließenden Pflichten, welchen wir in der vorhergehenden Auseinandersetzung zu entwickeln versuchten, wird nicht nur von vielen Schriftstellern vertheidigt, sondern hat auch in zahlreichen Verfassungen gesetzliche Anerkennung gefunden. Aber eine große Anzahl jener Schriftsteller, unter denen wir Benjamin Constant, Rotteck, Buddeus, Lage-

---

[1]) Cherbuliez, Théorie des garant. constit., II, S. 146: „La loi de responsabilité doit comprendre, sous quelque nom genérique tel que celui de malversation, tous les actes exécutif d'où il peut résulter lésion d'un droit ou d'une intérêt que le fonctionnaire devait respecter ou protéger. — La bonne foi la plus complète et la mieux constatée ne suffirait point pour les excuser; d'abord, parce que nul n'est obligé d'accepter des fonctions dont il est incapable; ensuite parce qu'il importe que le fonctionnaire incapable ou malintentionné puisse être immediatement écarté de ses fonctions, et mis dans l'impossibilité de nuire."

mans, Kerkhove hervorheben, gelangen, indem sie die für die richtige Bestimmung des Umfanges maßgebenden Gesichtspunkte: das Verhältniß der Minister zum Staatsoberhaupte und das wechselseitige rechtliche Verhältniß von Regierung und Volksvertretung nicht genügend würdigen oder unrichtig auffassen, zu verschiedenen, von einander abweichenden, zum Theil irrigen, zum Theil nicht erschöpfenden Resultaten.[1]) Ebenso haben auch von den Verfassungen, welche die Verantwortlichkeit nicht blos auf Verfassungs- und Ge-

---

[1]) Wie sehr die Ansichten der im Text genannten Schriftsteller divergiren, davon möge die folgende Zusammenstellung ein Bild geben:

Constant, De là resp. des minist. (Laboulaye, I, S. 384 ff.) vertheidigt die Verantwortlichkeit der Minister gegenüber der Volksvertretung für jeden schlechten Gebrauch einer gesetzlich anvertrauten Gewalt. Die mißbräuchliche Anwendung einer durch das Gesetz nicht übertragenen Gewalt bezeichnet er als Privatdelict.

Lagemans, S. 46, beschränkt ebenfalls die Verantwortlichkeit auf die schlechte Anwendung einer gesetzlich übertragenen Gewalt, will jedoch, daß selbst ohne Gesetzesverletzung in jenen Fällen eine Bestrafung eintreten soll, „wann eer het uit de gevolgen blijkt dat de staat nadeel geleden heeft, en dat wel niet door onvorziene omstandigheden, maar door dat de minister tegen beter weten in en met het kennelijk opzet om het staatsbelang te kort te doen, of door onvergegeeflijke nalatigheid zoo gehandeld heeft —". Vergl. S. 50.

Buddeus, S. 22, will eine Verantwortlichkeit für alle unter seiner (des Ministers) Mitwirkung vorgenommenen Regierungshandlungen oder Unterlassungen des Monarchen, durch welche die Verfassung, oder die bestehenden Gesetze verletzt worden sind, oder welche durch sich selbst, nicht in Folge unvorherzusehenden Zufalls, dem allgemeinen Staatswohl mehr Nachtheil als Vortheil gebracht haben.

Kerkhove, S. 119 ff., begründet eine Verantwortlichkeit für Gesetzes- sowie für alle Pflichtverletzungen, wodurch dem Staat ein reeller, wirklich constatirter Schaden zugefügt worden ist. Aehnlich: Rößler, II, S. 74; John in Holtzendorf's Strafrechtszeitung, S. 580.

Nahezu richtig wird der Umfang der Verantwortlichkeit bestimmt von Rotteck in Aretin's const. Staatsrecht, III, S. 218, „für jede das Interesse der Regierten kränkende Pflichtverletzung, welcher sie sich in ihrem amtlichen Wirken schuldig gemacht haben". — Vergl. außerdem Bluntschli, Staatswörterbuch, X, S. 750 ff.; Mittermaier im Ausschußbericht, S. 152 ff.; Klüber, Oeffentl. Recht, S. 565; Hoffmann, Die staatsbürg. Garantien II, S. 354.

setzesverletzungen beschränken,[1]) nur wenige den Umfang derselben

---

[1]) Frankreich, Verf. v. 1791, Tit. III, chap. II, sect. IV, Art. 5: „Les ministres sont responsables de touts les délits par eux commis contre la sûrété nationale et la constitution → de tout attentat à la propriété et la liberté individuelle — de toute dissipation de deniers destinés aux dépenses de leur département." — Die Verf. v. 1793, Art. 71, nennt nur „prévarication". — Senat. Cons. v. 1804, Tit. III, Art. 111: „Les capitaines généraux des colonies, les préfets coloniaux, les commandants des établissements français hors du continent, les administrateurs généraux, l'orsqu'ils ont prévariqué ou abusé de leur pouvoir — Les généraux de terre ou de mer qui ont désobéi à leurs instructions — Les préfets de l'intérieur qui se sont rendus coupables de dilapidation ou de concussion. Vergl. Charte v. 1814, Art. 56; Acte addition., Art. 39, 41; Charte v. 1830, Art. 47; Verfassung von 1848, Art. 68.

Sicilien, Verf. v. 1812, Art. 96: „— — wenn das Parlament solche (Maßregeln) darunter findet, wodurch die Rechte und Interessen der Nation beeinträchtigt werden, richtet und bestraft es die Minister und die Mitglieder des geheimen Raths des Königs, welche dieselben anempfohlen oder bei ihrer Ausführung mitgewirkt haben." Art. 118: „Wenn das Parlament bei Prüfung dieser Rechnungen die Finanzdirektion einer Nachlässigkeit schuldig findet, tadelt es dieselbe; handelt es sich um Veruntreuungen, Unterschleife oder schwere Pflichtwidrigkeiten, so klagt das Unterhaus die Finanzdirektion an und die Pairskammer richtet sie." (Die Verf. ist abgedruckt im Portofolio, Actenstücke zur Geschichte und Charakteristik unserer Zeit, 1848.) — Schweden, Verf. 1809, § 107; Gesetz vom 10. Februar 1810, § 7; Norwegen, 1814, § 30.

Portugal, Verf. v. 1822, § 151: „Die Minister sind den Cortes verantwortlich: für Nichtbeobachtung der Gesetze, für den Mißbrauch der ihnen anvertrauten Gewalt, Angriffe auf Freiheit, Sicherheit und Eigenthum der Bürger, für die Verschleuderung oder schlechte Verwendung der öffentlichen Gelder." — Belgien, 1831, § 134; Griechenland, Verf. 1844, § 85 (bei Heinze, Nationalcongreß, S. 115); Constitution v. 1862, Art. 81.

Ungarn, Gesetze v. 1848, Gesetzes-Art. III, § 32: „Die Minister können zur Verantwortlichkeit gezogen werden: a) für jede Handlung oder Verordnung, wodurch die Unabhängigkeit des Landes, die Garantien der Verfassung, die Anordnung der bestehenden Gesetze, die individuelle Freiheit oder die Heiligkeit des Eigenthums verletzt und durch sie in amtlicher Stellung begangen, beziehungsweise erlassen worden sind; b) für jede Veruntreuung oder gesetzwidrige Verwendung der ihnen anvertrauten Gelder oder sonstigen Werthsachen; c) wegen Versäumnisse in Vollziehung der Gesetze oder in Aufrechthaltung der öffentlichen Ruhe und Sicherheit, insofern diesen durch die ihnen gesetzmäßig anvertrauten Mittel hätte vorgebeugt werden können." (Vergl. die übrigens oberflächliche Schrift von J. Ludwigh, Des lois sur la responsabilité du pouvoir exécutif en Hongrie, Bruxelles, 1865.)

annähernd richtig bestimmt.[1]) — Auf der anderen Seite sind gegen eine Ausdehnung der Ministerverantwortlichkeit auf Pflichtverletzungen

---

Oldenburg, Rev. Staatsgrundgesetz 1852, Art. 200, § 1: „Der Landtag ist befugt, die Mitglieder des Staatsministeriums gerichtlich anzuklagen, welche sich a) sei es durch eigenes Handeln oder Unterlassen oder durch bloße Zulassung, vorsätzlich oder in grober Fahrlässigkeit einer Verletzung der Verfassung oder b) eines Staatsverraths — oder Mißbrauchs ihres Amtes zu einem gemeinen Verbrechen — oder einer Bestechung — oder des Verbrechens der Amtsuntreue — oder einer Verletzung ihrer Amtspflichten in der Absicht der Erlangung eigenen Vortheils — oder in der Absicht der Benachtheiligung des Staats oder einzelner Staatsbürger — oder einer gesetzwidrigen Verhaftung schuldig gemacht haben sollten."

[1]) Schwarzburg-Sondershausen, Grundgesetz 1857, § 57: „Der Landtag ist befugt, gegen Mitglieder des Ministeriums, welche sich einer Verletzung der Verfassung oder überhaupt ihrer Amtspflicht schuldig gemacht haben sollten, Anklage zu erheben — —."

Baden, Gesetz über die Verantwortlichkeit der Minister v. 20. Febr. 1868, § 67a: „Die zweite Kammer hat das Recht, die Minister und Mitglieder der obersten Staatsbehörde wegen einer durch Handlungen oder Unterlassungen wissentlich oder aus grober Fahrlässigkeit begangenen Verletzung der Verfassung oder anerkannt verfassungsmäßiger Rechte, oder schweren Gefährdung der Sicherheit oder Wohlfahrt des Staats förmlich anzuklagen."

Schleswig-Holstein, Gesetz über die Verantwortlichkeit der Minister v. 21. Oct. 1848, § 1: „Wegen jeder amtlichen Handlung oder Unterlassung eines Ministers, durch welche auf schuldvolle Weise das Staatsgrundgesetz verletzt, oder die Sicherheit oder Wohlfahrt des Staats benachtheiligt oder gefährdet wird, kann von der schleswig-holsteinschen Landesversammlung ein Strafverfahren beschlossen werden."

Gesetzentwurf über die Verantwortlichkeit der Reichsminister, 1848, § 4: „Die Anklage eines Ministers kann erhoben werden wegen jeder von ihm verübten Handlung oder ihm zur Last fallenden Unterlassung, welche die Sicherheit und Wohlfahrt des deutschen Bundes beeinträchtigt." Vergl. Mittermaier, Ausschußbericht, S. 150 ff.

Ueber das englische impeachment vergl. unsere Bemerkungen S. 47.

Const. of the United States, Art. III, sect. 4: „The president, the vice-president, and all civil officers of the United States, shall be removed from office, on impeachment for and conviction of treason, bribery, or other high crimes and misdemeanours." — Daß die Nordamerikanische Unionsverfassung, obgleich sie einzelne Verbrechen aufzählt und im Allgemeinen nur von „high crimes and misdemeanours" spricht, das impeachment nicht blos auf Gesetzesverletzungen beschränken, sondern auf alle Pflichtverletzungen, auf schlechte Führung und Verwaltung des Amtes ausdehnen wollte, wird von den amerikanischen Schriftstellern allgemein anerkannt. Schon Hamilton (The Federalist, Nr. 65, S. 365) sagt: „The subjects of its jurisdiction are those offences which proüberhaupt zahlreiche Einwendungen erhoben worden, die einer kurzen Erörterung und Widerlegung bedürfen. Von geringer Erheblichkeit ist zunächst der Einwurf, daß jede Ausdehnung der Ministerverantwortlichkeit über Verfassungs- und Gesetzesverletzungen hinaus das monarchische Princip verletze und zur Abhängigkeit des Monarchen von der Volksvertretung, zur sogenannten parlamentarischen Regierung führe.[1]) Wenn man, wie es einzelne dieser Schriftsteller thun, das monarchische Princip als das Recht, nach freiem Belieben zu regieren, auffaßt, dem constitutionellen Fürsten als eine zwiefache Schranke: „Die Stimme Gottes im Gewissen und die durch Volksvertretung und Presse verkündete öffentliche Meinung"[2]) giebt, dann ist allerdings jede Verantwortlichkeit mit diesem Princip in Widerspruch. Geht man aber von dem Grundsatz aus, daß der Monarch zwar das Recht haben muß, selbst zu regieren, daß er aber die Rechtspflicht habe, nicht nur die Gesetze zu beobachten, sondern ge-

ceed from the misconduct of public men, or in other words, from the obuse or violation of some public trust." So bezeichnet auch Story, Comment., I, S. 531, als Gegenstand des impeachment „political offences, growing out of personal misconduct, or gross neglect, or usurpation, or habitual disregard of the public interests, in the discharge of the duties of political office". Am richtigsten wird der Umfang der Verantwortlichkeit des Präsidenten und der übrigen Civilbeamten bestimmt von Curtis, History of the Const., II, S. 260: „The purposes of an impeachment lie wholly beyond the penalties of the statue or the customary law. The object of the proceeding is to ascertain whether cause exists for removing a public officer frome offi ce. Such a cause may be found in the fact, that, either in the discharge of his office, or aside from his fonctions, he has violated a law, or comitted what is technically denominated a crime. But a cause for removal from office may exist, where no offence against positive law has been committed, as where the individual has, from immorality or imbecility or maleadministration, become unfit to exercise the office." In Bezug auf die vorgekommenen Fälle sagt Story, I, S. 556: „In the few cases of impeachment, which have hitherto been tried, no one of the charges has rested upon any statuable misdemeanours." Vergl. Walker, Introduction to american law, S. 92. — Ueber die Bestimmungen der einzelnen Bundesstaaten in Betreff der Verantwortlichkeit der Beamten vergl. Tocqueville, De la democratie en Amérique, I, S. 183; Rüttimann, Das nordamerikanische Bundesstaatsrecht verglichen mit den politischen Einrichtungen der Schweiz, 1, S. 223, Anm. 1.

[1]) Stahl, Rechts- und Staatslehre, S. 393; Campe, Lehre von den Landständen, S. 450 ff.; Held, Verfassungsr., II, S. 381; Bischof, S. 18, 19.

[2]) Bischof, S. 100.

mäß den Interessen und der Wohlfahrt des Staats zu regieren, so erscheint die Verantwortlichkeit der höchsten Staatsdiener für die Erfüllung der ihnen vermöge der Natur ihres Amtes obliegenden Pflichten nur als eine natürliche Consequenz. Bedürfen denn die Interessen und die Wohlfahrt des Volkes nicht eines ebenso wirksamen Schutzes gegen die pflichtwidrigen Handlungen schlechtgesinnter oder unfähiger Staatsdiener, als die Rechte, welche auch nur im Interesse desselben bestehen? Sind die Pflichten, welche im Staatsamte ihre Wurzeln haben, nicht eben so heilig, als die gesetzlich specialisirten? Warum sollen denn die Minister, die Höchsten unter den Staatsdienern, allein für die Erfüllung der aus der Natur des Amtes fließenden Pflichten unverantwortlich sein? So wie alle Staatsdiener, so müssen auch die Minister für die Beobachtung ihrer Staatsdienstpflichten einstehen.[1]) Der Unterschied liegt einzig und allein darin, daß, weil es keine höhere, über den Ministern stehende verantwortliche Behörde giebt, der Volksvertretung, welche überhaupt berufen ist, die Rechte und Interessen des Volkes zu wahren, die Realisirung dieser staatsdienerlichen Verantwortlichkeit der Minister durch Anklage vor einem unparteiischen Gerichtshof zustehen muß. Die Verantwortlichkeit der Minister für die Erfüllung ihrer staatsdienerlichen Pflichten führt aber auch nicht, wie behauptet wird, zu einer Abhängigkeit des Souveräns von der Volksvertretung, zu einer Herrschaft des Parlaments. Gegenüber der im Vollbesitze der Macht und realen Mittel des Staats befindlichen Regierung ist das Anklagerecht der Volksvertetung, welche das einzige für die Rechte und Interessen des Volkes eintretende Organ ist, nur ein Schutz- und Sicherungsmittel einer gesetzlichen und guten Regierung und Verwaltung, aber es bedingt keineswegs eine Verlegung der Regierung in die Kammern.[2])

---

[1]) In der That begreift man nicht, weshalb im constitutionellen Staate die Minister, welche, wenn auch die höchsten, doch immerhin nur Diener des Staats sind, für die schlechte Verwaltung ihres Amtes nicht verantwortlich sein sollen, da doch nach den ehemaligen landständischen Verfassungen im deutschen Reich die Stände sogar die Befugniß hatten, ihre Landesherren wegen Mißregierung bei den Reichsgerichten anzuklagen.

[2]) Bluntschli, Allgem. Staatsrecht, I, S. 435. — Auch in England haben ganz andere Momente, als die Ministerverantwortlichkeit, das parlamentarische Regierungssystem herbeigeführt. Vergl. die sehr beachtenswerthen Ausführungen

Gegen die Ausdehnung der Verantwortlichkeit über Rechtsbrüche hinaus wird ferner die nicht minder unhaltbare Einwendung gemacht, daß die Interessen des Staats nicht bestimmbar seien, daß man keinen Maßstab zur Beurtheilung des Vortheils und des Nachtheils habe, daß hier Alles auf den richtigen Blick, auf die begleitenden Umstände, auf den Grad der Kenntnisse und Fähigkeiten der handelnden Minister ankomme.[1]) Diese Gründe sind schon zum großen Theil durch unsere früheren Erörterungen widerlegt. Der Minister haftet nicht für den Erfolg, für zufällige Ereignisse, sondern dafür, daß die schlechte Maßregel nicht die Folge einer groben Pflichtverletzung ist. Läßt sich eine Schädlichkeit der Handlung für den Staat oder eine subjective Verschuldung nicht nachweisen, dann ist eben keine Verantwortlichkeit begründet. Wenn aber erwiesen ist, daß die schlechte Maßregel eine Folge der Pflichtvergessenheit oder Untauglichkeit oder des Leichtsinns des Ministers ist, dann ist auch eine Verurtheilung geboten. Oft wird es leichter sein, festzustellen, ob ein Minister durch pflichtwidriges Handeln das Gemeinwohl verletzt habe, als zu constatiren, ob eine Verletzung der nicht selten in ihren Bestimmungen unklaren Verfassungen vorliege. Auch ist nicht einzusehen, weshalb ein aus unparteiischen und ausgezeichneten Männern zusammengesetzter Gerichtshof nicht soll beurtheilen können, ob ein Minister seine Pflicht schwer verletzt habe, ob die Interessen des Staats dadurch benachtheiligt, dessen Wohl gefährdet worden, da man doch oft ganz untergeordneten Verwaltungsbehörden die Entscheidung überläßt, ob etwas den Zwecken des Gemeinwohls entspreche, etwas Gemeinschädliches oder Gemeingefährliches vorhanden sei. Wären die Argumente der Gegner richtig, daß es unmöglich sei, wo keine specielle Gesetzesvorschrift existire, die gute oder schlechte Führung des Amtes zu beurtheilen, dann dürfte es überhaupt kein Disciplinarrecht und kein Disciplinargericht geben, bei denen es sich doch meist um die Beurtheilung der pflichtgemäßen, tüchtigen und dem Zwecke

---

Rößler's, II, S. 55 ff. Treffend bemerkt dieser Schriftsteller (S. 61) in Bezug auf die deutschen Verhältnisse: „Die Verschmelzung der parlamentarischen und gouvernementalen Thätigkeitssphäre, wie sie in England besteht, ist eine Frucht, die sich nicht künstlich zeitigen läßt. Parlament und Regierung werden bei uns noch lange in relativer Selbständigkeit die Ansprüche, die sie vertreten, ausgleichen müssen, ehe es zu jener englischen Verschmelzung kommt."

[1]) Mohl, 150 ff.; Bischof, S. 18; Held, Staat u. Gesellschaft, III, S. 472.

entsprechenden Verwaltung des Amtes, um Verletzungen der aus der Natur des Staatsdienstes fließenden Pflichten handelt.

Von geringer Erheblichkeit ist endlich ein drittes Bedenken, welches sich dagegen richtet, daß die Ministeranklage in dem von uns bestimmten Umfange zu einem Werkzeuge der Parteileidenschaften gemacht und im Parteiinteresse ausgebeutet werden würde.[1]) Ist es schon an sich unzulässig, ein zum Schutze gegen die Willkür bestehendes Institut vom Gesichtspunkt eines möglichen Mißbrauchs zu kritisiren, so wird diese Behauptung thatsächlich durch die Erfahrung widerlegt.[2]) Mittel, welche zum Schutze der Freiheit, der Rechte und Interessen des Volkes bestehen, eignen sich selbst wenig zum Mißbrauch. Förmliche Anklagen der Minister werden immer seltene extreme Fälle bleiben. In der Verantwortlichkeit selbst wohnt eine mächtige vorbeugende Kraft, und die Minister, welche sich derselben in vollem Maße bewußt sind, werden nicht willkürlich experimentiren, sondern ihr Amt nach den Gesetzen und den wohlerkannten Interessen des Staats und des Volks pflichttreu verwalten. Die Anklage der Minister ist nur das schärfste, das äußerste Mittel der Volksvertretung, welches daher, um nicht abgestumpft zu werden, auch nur in den äußersten Fällen, wenn alle parlamentarischen Mittel versagen, gegen pflichtungetreue Minister angewendet

---

[1]) Bischof a. a. O.; Held, Staat u. Gesellschaft, III, S. 472.

[2]) Schon die Mitbegründer der nordamerikanischen Unionsverfassung hatten die Furcht geäußert, daß das impeachment eine mächtige Waffe in den Kämpfen der Parteien werden könnte. (Federalist, S. 365.) Die Erfahrung hat diese Befürchtung nicht bestätigt. Trotz der viel schärfer zugespitzten Gegensätze des amerikanischen Staats- und Parteilebens, trotz des Mangels der monarchischen Schranke, trotzdem, daß Ankläger und Gerichtshof aus denselben Elementen besteht, sind — abgesehen von dem jüngsten impeachment gegen den Präsidenten Johnson, dessen Ausgang bekannt ist — seit 40 Jahren 4 Beamte beim Senate angeklagt worden, von denen drei freigesprochen und einer verurtheilt wurde. Mit Recht fügt Story, I, S. 543, hinzu: „What more could experience produce to justify confidence in the institution." Aber auch in England sind, obgleich das impeachment als Parteiwaffe gebraucht wurde, die Anklagen, wie Mohl (S. 602) sagt, gegen wirkliche Verbrechen der Gegner gerichtet und meist mit juristischer Ueberzeugung durchgeführt worden. Es ist dabei nicht zu vergessen, daß zu jener Zeit die Rathgeber der Krone in absoluten Monarchien von der fürstlichen Willkür und durch Hofintriguen mehr zu leiden hatten, als die constitutionellen Minister Englands.

werden darf.[1]) Ein weises Parlament wird eine zum Schutze der höchsten Staatsinteressen bestehende Einrichtung nicht leidenschaftlich mißbrauchen. Die Volksvertretung muß sich auch hier, wie bei ihrer ganzen staatlichen Thätigkeit, von dem wahrhaften Interesse des Volkes, von dem Wohle des Gemeinwesens leiten lassen. Sie würde die Volksinteressen am stärksten gefährden, wenn sie nicht um diese zu schützen, sondern aus persönlichen Motiven einen ihr verhaßten, seine Geschäfte pflichttreu und im Interesse des Staats verwaltenden Minister durch Mißbrauch ihres Anklagerechts aus dem Amte verdrängen wollte. Jedenfalls wird es indessen räthlich sein, durch gesetzliche Beschränkung des Anklagerechts auf schwere Pflichtverletzungen einen Damm zu errichten gegen Anwendung dieses äußersten Mittels in solchen Fällen, wo auf anderem Wege genügende Abhilfe geschafft werden kann und wo die Nachtheile eines solchen Verfahrens außer Verhältniß ständen zu dem möglicherweise dadurch erreichbaren Gewinn.[2]) Außerdem liegt der beste Schutz gegen willkürliche und leidenschaftliche Anklagen in dem unabhängigen und unparteiischen Gerichtshof, welcher gewiß immer zu einer Freisprechung geneigt sein wird, wenn die subjective Schuld des Ministers und die Erheblichkeit der begangenen Pflichtverletzung nicht klar und überzeugend dargethan sein werden.

Wir können nunmehr das Schlußresultat unserer dogmatischen Betrachtung über das Verhältniß der Minister zum Souverän und die gegenseitige Stellung von Regierung und Volksvertretung in Folgendem zusammenfassen: Die Minister sind verantwortlich für alle von ihnen persönlich oder unter ihrer Mitwirkung vom Staatsoberhaupte ausgehenden Handlungen, beziehungsweise Unterlassungen, welche eine schwere Verletzung der ihnen gesetzlich oder vermöge der Natur ihres Amtes obliegenden staatsdienerlichen Pflichten enthalten. Mit anderen Worten: Die Verantwortlichkeit der

---

[1]) Kerkhove, S. 137.

[2]) Um eine weitere Garantie gegen die übereilte Ausübung dieses Rechts aufzurichten, würde es sich empfehlen, das Erforderniß einer Zweidrittel-Majorität für den Anklagebeschluß gesetzlich festzustellen. Schwarzburg-Rudolstadt, V.-U. 1854, § 6, 7; Oesterreich, M.-V.-G. v. 25. Juli 1867, § 11; Baden, M.-V.-G. v. 20. Februar 1868, § 67a, Abs. 2.

Minister, deren Realisirung der Volksvertretung zusteht, ist ihrem Rechtsgrund, ihrem Inhalt und ihrer Natur nach ein Ausfluß der disciplinaren Verantwortlichkeit aller Staatsdiener.

§ 9.

Juristische Natur der Ministerverantwortlichkeit.

Wir haben in der vorangegangenen Erörterung den Satz aufgestellt, daß die juristische Natur der Ministerverantwortlichkeit eine disciplinare sei. Um die Richtigkeit dieser Behauptung dazuthun, müssen wir näher auf das Wesen des Disciplinarrechts eingehen;[1]) dieses wird uns aber am leichtesten deutlich werden, wenn wir die principiellen Unterschiede desselben gegenüber dem Strafrecht hervorheben. Eine solche Vergleichung wird außerdem den Vortheil bieten, die Differenzen unserer Auffassung der Ministerverantwortlichkeit von der früher erörterten strafrechtlichen Anschauung scharf zu bezeichnen.

Strafrecht und Disciplinarrecht sind durchaus verschieden in ihrem Zweck und folgeweise auch in den Voraussetzungen ihrer Anwendung und ihren Mitteln. Das Strafrecht, auf der Strafgewalt des Staats beruhend, ist ein Institut zur Aufrechthaltung der öffentlichen Rechtsordnung; indem es dem Störer derselben ein Uebel auflegt, bezweckt es die Erlangung einer öffentlichen Genugthuung. Das Disciplinarrecht, in der Amtshoheit des Staats über seine zur Besorgung staatlicher Geschäfte angestellten Diener wurzelnd, ist ein Institut zur Sicherung einer guten, gerechten, den Staatszwecken entsprechenden Verwaltung; es bezweckt durch die verschiedenen Grade

[1]) Die Theorie hat diesen interessanten Gegenstand ziemlich vernachlässigt. Seitdem Heffter (N. Archiv des Criminalrechts, XIII, Jahrg. 1832, S. 48—87, 156 ff.; Archiv des Criminalrechts, Neue Folge, Jahrg. 1853, S. 422—467) den so überaus verdienstlichen Versuch gemacht, das Disciplinarrecht der Staats- und Kirchendiener auf allgemeine Grundsätze zurückzuführen, ist, abgesehen von einem sehr werthvollen Aufsatz von Dollmann („Amtsverbrechen und Amtsvergehen" in Bluntschli's Staatswörterb., I, S. 219—229) und einem anerkennenswerthen Artikel von Bülau („Disciplinarvergehen und Disciplinarverfahren" in Bluntschli's Staatswörterb., II, S. 134—146) nichts Erhebliches auf diesem Gebiete geleistet worden. Die folgende Betrachtung stützt sich zum Theil auf die Ausführungen der beiden erstgenannten Schriftsteller.

seiner Zwangsmittel entweder die Aufrechthaltung der Dienstordnung oder die Sicherung und Reinhaltung des Staatsdienstes.[1]) Während daher das Strafrecht im Allgemeinen gegen Jeden wirksam ist, setzt die Disciplin stets ein bestimmtes Verhältniß zum Staat voraus.

Aus der Verschiedenheit der Zwecke des Straf- und des Disciplinarrechts ergeben sich naturgemäß wichtige Verschiedenheiten in Bezug auf die Voraussetzungen ihrer Anwendung. Eine criminelle Strafe kann nur da eintreten, wo ein Gesetz den Thatbestand der verbrecherischen Handlung festgesetzt und mit bestimmter Strafe bedroht hat; zur disciplinaren Ahndung ist es nicht nothwendig, daß die Pflicht gesetzlich specialisirt sei, denn das Amt an sich ist die Quelle zahlreicher Pflichten. Das Strafrecht legt den größten Nachdruck auf die verbrecherische Gesinnung und die Bestrafung der culpa bildet demgemäß nur eine Ausnahme; das Disciplinarrecht hingegen, welches die Sicherung einer guten Staatsverwaltung anstrebt, kann seiner Natur nach keinen solchen Unterschied machen. Nicht blos die aus bösem Willen begangenen Fehler in der Amtsführung, sondern auch jene, welche in einer Fahrlässigkeit, Sorglosigkeit, Ungeschicklichkeit und Unfähigkeit ihren Grund haben, können unter Umständen die Anwendung der höchsten Disciplinarmittel rechtfertigen. Das Strafrecht trägt einen absoluten Charakter, Rücksichten der Zweckmäßigkeit und des Nutzens sind ausgeschlossen; nur das Gesetz ist entscheidend und eine Strafe muß überall nothwendig eintreten, wo die gesetzlichen Voraussetzungen vorhanden sind. Anders verhält sich dies beim Disciplinarrecht. Dieses beurtheilt die Handlung nicht blos nach dem Gesichtspunkte der Gerechtigkeit, sondern auch von dem der Staats-Interessen und -Bedürfnisse, und deshalb kann, im Gegensatz vom Strafrecht, ein für den Staat erzielter Vortheil ein Ausschließungsgrund der disciplinaren Ahndung einer begangenen Pflichtverletzung sein. Im Strafrecht endlich wird die Handlung nur einzeln aufgefaßt, streng nach den Vorschriften des Gesetzes geprüft und beurtheilt, im Disciplinarrecht kommt das ganze Benehmen des Beamten in seinem Zusammenhange, die ganze Tendenz seiner Amtsführung unter Würdigung aller Umstände in

---

[1]) Heffter, N. Archiv des Criminalrechts, XIII, S. 78; Dollmann a. a. O., S. 219.

Betracht. Mit anderen Worten: Die Strafgewalt ist ihrem Wesen nach eine bestimmte, die Disciplinargewalt eine discretionäre Gewalt.[1])

Die Verschiedenheit der Zwecke bedingt aber ebenso natürlich eine Verschiedenheit auch in den Mitteln der beiden Institute. Die criminelle Strafe ist ein Leiden, das dem Verletzer der öffentlichen Rechtsordnung als Sühne auferlegt wird, ein Uebel, das den Bürger als solchen trifft; die Zwangsmittel der Disciplin sind, obgleich sie von dem Betroffenen als Uebel empfunden werden können, niemals Strafe im criminellen Sinne:[2]) zur Erzielung einer geordneten Thätigkeit oder Säuberung des Staatsdienstes von schädlichen und verderblichen Elementen bestimmt, treffen sie immer den Staatsdiener in seiner Eigenschaft als solchen.

In dieser principiellen Verschiedenheit liegt der Grund, weshalb strafrechtliche und disciplinare Verfolgung nicht miteinander collidiren, sich gegenseitig nicht ausschließen. Daher kann nicht nur dieselbe Handlung gleichzeitig Gegenstand eines disciplinaren und strafrechtlichen Verfahrens sein, sondern es kann unter Umständen dieselbe Handlung eines Staatsdieners, wegen welcher er vom Strafrichter freigesprochen wurde, mit den stärksten Disciplinarmitteln geahndet werden.[3])

Nach dieser allgemeinen Betrachtung kann es nicht zweifelhaft sein, daß die Verantwortlichkeit der Minister ihrer Natur nach eine disciplinare ist.[4]) Hinsichtlich des Zwecks ist dies durch unsere dog-

---

[1]) Dollmann a. a. O.

[2]) Heffter, N. Archiv des Criminalrechts, XIII, S. 77, 78.

[3]) Heffter, Archiv des Criminalrechts, Neue Folge, 1853, S. 430; Dollmann, S. 242; H. A. Zachariae, II, S. 50. Vergl. außerdem Preuß. Disciplinargesetz v. 21. Juli 1852, § 4 u. 5. Rönne, Das Staatsrecht der Preußischen Monarchie, II, S. 320. — Der disciplinare Charakter der Ministerverantwortlichkeit tritt in dieser Beziehung im Badischen M.-V.-G. v. 20. Februar 1868, § 67c, deutlich hervor. Dieselbe Handlung, wegen welcher der Minister beim Staatsgerichtshofe angeklagt ist, kann gleichzeitig Gegenstand einer strafgerichtlichen Verfolgung bei den gewöhnlichen Strafgerichten sein. (Vergl. S. 74, N. 2.)

[4]) Auch John (Holtzendorf's Strafrechtszeitung, 1863, S. 576) deutet, wenn auch nur beiläufig, an, daß das Gesetz über Ministerverantwortlichkeit in jenen Fällen, wo der Minister aus Unfähigkeit die Verfassung verletzt, den Charakter eines Disciplinargesetzes annehmen müsse. — Das Wesen des nordamerikanischen impeachment wird vortrefflich charakterisirt von Tocqueville (De la demo-

matischen Erörterungen vollständig erwiesen, weil es sich bei der Ministerverantwortlichkeit, wie bei der disciplinaren Verantwortlichkeit aller Staatsdiener, um Sicherung einer pflichtgemäßen und guten Regierung und Verwaltung, um gewissenhafte Erfüllung staatsdienerlicher Pflichten und den Schutz des Staats gegen schlechtgesinnte, ungetreue, ungeschickte und unfähige Staatsdiener handelt. Hinsichtlich der Voraussetzungen ihrer Anwendung haben wir schon im kritischen Theil die strafrechtliche Ansicht als unangemessen zurückgewiesen und die Nothwendigkeit einer discretionären Beurtheilung, wie sie der Disciplin eigenthümlich ist, dargethan. In Bezug auf die Mittel mußten wir uns bisher auf die allgemeine Andeutung beschränken, daß die Entfernung vom Amte, also eine Maßregel, welche nur den Staatsdiener als solchen trifft, das allein zulässige sei; indessen wird es zur näheren Bestimmung der gegen Minister angemessenen Disciplinarmittel nothwendig sein, die Zwangsmittel, welche der Disciplin überhaupt zu Gebote stehen, und die Organe, denen ihre Anwendung anvertraut ist, etwas eingehender zu erörtern. Die Theorie unterscheidet zwischen einer niederen oder correctiven und einer höheren oder reinigenden Disciplin. Die erstere umfaßt alle jene Zwangsmittel, — Ermahnungen, Verweise, kleine Geldbußen, Suspension auf kürzere Frist ꝛc. — welche eine ordnungsmäßige Thätigkeit erzielen, den Säumigen zur Erfüllung seiner Pflichten anhalten, überhaupt alle kleineren Pflichtverletzungen ahnden sollen, welche, aus Nachlässigkeit oder Versäumniß hervorgegangen, den Staatsdiener noch nicht zur Beibehaltung und Fortführung seines Amtes unfähig machen. Diese disciplinaren Ahndungen, welche in einzelnen Gesetzen als sogenannte „Ordnungsstrafen“ den eigentlichen Disciplinarstrafen entgegengestellt werden,[1] stehen, wie dies fast überall anerkannt ist, mit Recht den höheren Behörden über ihre Untergebenen unbedingt zu. Etwas anders verhält es sich mit den Mitteln der höheren Disciplin, welche die Reinhaltung des Staatsdienstes von schädlichen Elementen bezwecken

cratie, I, S. 180): „C'est, comme on le voit, un acte administratif auquel on a donné la solennité d'un arrêt.“

[1]) H. A. Zachariae, II, S. 48, Note 9; Pözl im Staatswörterbuch, IX, S. 700; Rönne, II, S. 320.

und daher auf Entfernung des pflichtungetreuen Staatsdieners aus dem Amte (Entlassung) oder aus dem Staatsdienste überhaupt (Entsetzung) gerichtet sind. „Die Anwendung der höheren Disciplinarmittel, der Degradation und Dienstentlassung", sagt Heffter,[1]) „findet überhaupt nur statt, wenn sich ergiebt, daß bei dem Staatsdiener durch eigenes Verschulden diejenigen Voraussetzungen nicht vorhanden sind, unter welchen allein ihm sein gegenwärtiges Amt anvertraut ist, oder unter welchen er überhaupt im Staatsdienste angestellt werden könnte." Die Verhängung der Ahndungen der reinigenden Disciplin kann, darin stimmen die Theoretiker überein,[2]) nicht mehr Verwaltungs- sondern muß Justizsache sein. Die Entscheidung darüber, ob ein Staatsdiener seine Amtspflichten so schwer verletzt habe, daß der Staat befugt sei, das Staatsdienerverhältniß in einer die Rechte und die ökonomische Existenz des Beamten zerstörenden Weise zu lösen, darf nicht den Verwaltungsbehörden überlassen werden. Die disciplinare Entfernung eines Staatsdieners aus dem Amte oder dem Staatsdienste muß vielmehr, obgleich dadurch eine Sicherung der Staatsverwaltung bezweckt wird, ein förmlicher richterlicher Act sein. Wenn den höheren Behörden allerdings das Recht zugesprochen werden muß, ein disciplinares Einschreiten zu veranlassen, so sollten doch eigene Disciplinargerichtshöfe bestehen, welche, unabhängig von den Administrativbehörden, die Mittel der höheren Disciplin verhängten. Diese müßten in der Art ihrer Zusammensetzung, in den schützenden Formen des Verfahrens eine Garantie für den Staatsdiener gegen Willkür, zugleich aber einen Schutz für den Staat gegen ungetreue und pflichtwidrige Diener bieten. Die Disciplinargerichtshöfe müßten nach Gerechtigkeit und dem Staatsinteresse prüfen und beurtheilen, ob ein Staatsdiener durch Verletzung seiner Pflicht die Bedingungen, unter denen ihm sein Amt übertragen wurde, aufgehoben habe und deshalb seine Entfernung nothwendig sei. Freilich sind diese Grundsätze in den Gesetzgebungen der deutschen Staaten noch nicht anerkannt, vielmehr ist

---

[1]) N. Archiv des Criminalrechts, XIII, S. 82, 83. Als Beispiel führt u. A. dieser Schriftsteller an, wenn ein Staatsdiener die in seinem Amte zu respectirenden Interessen des Staats in Gefahr bringt.

[2]) Vergl. Heffter, N. Archiv des Criminalrechts, XIII, S. 75, 76; Bülau im Staatswörterb., III, S. 145; Zachariae, II, S. 76.

in den meisten derselben auch die Anwendung der höheren Disciplinarmittel, wenigstens in Bezug auf Administrativbeamte, den höheren Verwaltungsbehörden anvertraut, wenngleich dieselben bei Ausübung ihrer Disciplinargerichtsbarkeit an gesetzliche Vorschriften gebunden sind.[1]) Selbst in Preußen, wo die Verantwortlichkeit der Staatsdiener, mit Ausnahme jener der Minister, verhältnißmäßig gut geregelt ist, bildet, obwohl die Amtsentlassung der vom König oder von den Ministern ernannten Beamten nur durch richterliches Erkenntniß eines eigenen Disciplinargerichtshofs verhängt werden kann, das Ministerium, also die höchste Verwaltungsbehörde, die letzte Instanz in allen Disciplinarangelegenheiten nichtrichterlicher Staatsdiener.[2]) Ebenso gehen auch in den meisten anderen Staaten die Recurse gegen die Entscheidungen der Disciplinarbehörden an das Ministerium.[3])

Wenn wir nunmehr die Anwendbarkeit der hier nur in den Grundzügen entwickelten Mittel der Disciplin auf die Minister prüfen, so leuchtet ein, daß, obgleich die Verantwortlichkeit derselben dem Wesen nach eine disciplinare ist, einige Abweichungen hinsichtlich der anzuwendenden Mittel nothwendig sind. Zunächst müssen die Mittel der niederen Disciplin, welche nicht auf eine Lösung des Staatsdienstverhältnisses gerichtet sind, ausgeschlossen werden, hauptsächlich deshalb, weil dieselben, abgesehen von ihrer totalen Unwirksamkeit, sich mit der Würde und Stellung des höchsten Staatsdieners, auf welcher kein Makel ruhen darf, nicht vereinbaren lassen.[4])

---

[1]) Heffter, Archiv des Criminalrechts, Neue Folge, 1853, S. 437 ff.; H. A. Zachariae, II, S. 79. Ueber Oesterreich vergl. Stubenrauch, I, S. 206 ff.

[2]) Rönne, II, S. 255, 321.

[3]) In einzelnen deutschen Staaten sind die Mittel der höheren Disciplin den Strafgerichten zugewiesen. (Vergl. Pözl, Lehrbuch des Bayerischen Verfassungsrechts, S. 382; H. A. Zachariae, II, S. 79, Note 10.) Gegen dieses System bemerkt Dollmann, S. 220, treffend: „Die Strafgesetzgebung dieser Staaten hat daher von selbst für eine weit größere Anzahl von Pflichtverletzungen im Amte Vorsehung treffen müssen. Zugleich mußte hier im Einzelnen jene discretionäre Gewalt, wie sie der disciplinaren Behandlung durchgängig eignet, den Strafgerichten eingeräumt werden, da sich keineswegs für alle den Strafgerichten nach dem letzteren System zuzuweisenden Pflichtwidrigkeiten ein gesetzlicher Thatbestand formuliren läßt, so daß hier in der That ein Theil der Disciplinargewalt den Strafgerichten übertragen ist."

[4]) Vergl. § 12.

Hingegen sind, wenn auch, wie wir später sehen werden, mit einer Modification, die Mittel der höheren oder reinigenden Disciplin auf die höchsten Staatsdiener ebenfalls anwendbar, weil auch hier der Zweck der höheren Disciplin, den Staat zu schützen vor gefährlichen und schädlichen Dienern, deren pflichtwidriges Handeln ihre Unfähigkeit zur ferneren Beibehaltung des Amtes oder zum Verbleiben im Staatsdienste dargethan hat, Entfernung aus dem Amte oder aus dem Staatsdienste überhaupt erfordert.

Es frägt sich nur, wem das Recht der Beurtheilung der ministeriellen Pflichtverletzungen und die Verhängung der Disciplinarahndungen zustehen soll. Auch diese Frage beantwortet sich leicht. Sowie nämlich aus der Nichtexistenz einer höheren verantwortlichen Behörde über die Minister die Nothwendigkeit einer Realisirung der disciplinaren Verantwortlichkeit derselben durch direkte Anklage der Volksvertretung begründet wurde, so ergiebt sich aus der Stellung der Minister als höchste Verwaltungsbehörde die Nothwendigkeit, daß über die staatsdienerlichen Pflichtverletzungen derselben ein von Regierung und Volksvertretung unabhängiger Disciplinargerichtshof urtheile, und es tritt hier also noch ein besonderer zwingender Grund für die Uebertragung der Entscheidung an einen eigenen Gerichtshof ein. Es wird dies noch klarer werden, wenn wir die Hauptergebnisse unserer Untersuchung kurz zusammenfassen. Nach unserer Auffassung stehen die Minister in Bezug auf die Verantwortlichkeit allen Staatsdienern gleich. Sie sind, wie diese, nicht nur der gemeinen strafrechtlichen Verantwortlichkeit unterworfen, sondern auch der disciplinaren Verantwortlichkeit für die Beachtung der ihnen durch die Verfassung, durch die Gesetze oder vermöge der Natur ihres Amtes obliegenden Pflichten. Nur die Form der Realisirung ihrer disciplinaren Verantwortlichkeit ist, wegen ihrer eigenthümlichen Stellung, von der der übrigen Staatsdiener verschieden. Während nämlich, gerade wegen der Verantwortlichkeit der Minister, der Volksvertretung gegenüber die Pflichtwidrigkeiten der unteren Staatsdiener nur ein Beschwerderecht zusteht, muß sie den Ministern gegenüber, weil über ihnen keine verantwortliche Behörde existirt, das Recht der Anklage besitzen; während die Disciplinargewalt über die unteren Staatsdiener den höheren Behörden, in letzter Instanz dem Ministerium zusteht — in Bezug auf die niedere Disciplin mit Recht, für die höhere Disciplin in sehr unpassender Weise — fällt den Ministern gegenüber die niedere Disciplin hinweg und muß, weil über den Ministern keine höhere verantwortliche Behörde besteht, durchaus ein eigener Disciplinargerichtshof über ihre schwereren Pflichtverletzungen erkennen.[1]) Die Volksvertretung gewinnt dadurch keinesfalls den Charakter einer Oberbehörde über die Minister. Die staatsdienerliche Verantwortlichkeit der Minister besteht dem Staat gegenüber, und Aufgabe der Volksvertretung ist es nicht, über die Pflichtverletzungen der Minister zu richten, sondern dieselbe ist als das einzige zur Controle der Staatsverwaltung berufene Organ nur berechtigt, durch ihre Anklage einen Richterspruch über die Minister herbeizuführen.

Nach unserer Ansicht ist daher die Ministerverantwortlichkeit nicht, wie man sie bisher auffaßte, eine Besonderheit, sondern sie schließt sich organisch den geltenden Rechtssätzen an; sie ist nicht allein der Schlußstein des constitutionellen Systems, sondern auch der Schlußstein der Verantwortlichkeit des gesammten Beamtenthums.

---

[1]) In dem Inhalt der Verantwortlichkeit wird dadurch nichts geändert. Wenn z. B. ein unterer Staatsdiener eine Verfassungsverletzung begeht, die kein im Strafgesetz vorgesehenes Verbrechen enthält, so macht die Kammer ihr Beschwerderecht beim Ministerium geltend, welches in diesem Falle eine Disciplinaruntersuchung gegen den Betreffenden einleiten läßt, die nur eine disciplinare Entfernung vom Amte zur Folge haben kann. Dasselbe geschieht nach unserer Auffassung auch bei den Ministern, nur daß hier die Volksvertretung, wegen des Mangels einer höheren verantwortlichen Behörde, direkt die Anklage erhebt und ein eigener Disciplinargerichtshof urtheilt.

II.

Ausführungen.

Wir wenden uns, nachdem wir das Princip der Ministerverantwortlichkeit festgestellt haben, nunmehr zu der Untersuchung einiger specieller Fragen, die zum Theil aus dem Princip selbst, zum Theil mit Zugrundelegung desselben zu beantworten sind. Die folgenden Ausführungen werden zuerst die Organisation des Gerichtshofes, dann die Grundsätze des Verfahrens mit Einschluß der die Einleitung und den Fortgang desselben hindernden Momente erörtern; die beiden letzten Paragraphen werden sich mit dem Inhalt des Urtheils und der Frage der Begnadigung beschäftigen.

§ 10.

Gerichtshof.

Unter den in der Theorie lebhaft erörterten speciellen Fragen unserer Lehre steht die Frage in Betreff der Bildung des Gerichtshofs, welcher über die von der Volksvertretung ausgehenden Anklagen der Minister urtheilen soll, obenan.[1]) Sie ist auch in der That von der größten Bedeutung. Selbst dann, wenn das Gesetz genau die Fälle der Anklage und die strafbaren Handlungen präcisirt, liegt die letzte Garantie einer gerechten Rechtsprechung in der Person des Richters, dem die Anwendung des Gesetzes zusteht; noch in höherem Grade ist dies hier der Fall, wo es sich um eine freie Prüfung und Beurtheilung nach den Gesichtspunkten der Gerechtigkeit und des Staatswohls handelt, wo die höchsten Interessen der

[1]) Eine etwas weitläufige, aber im Ganzen übersichtliche Zusammenstellung der verschiedenen Ansichten hat Murhard im Artikel: „Staatsgerichtshof" (Rotteck und Welcker's Staats-Lexicon, XIV, S. 763—791) gegeben.

Staatsgemeinschaft in Frage kommen können. Soll aber der Gerichtshof seinem Zweck entsprechen, so muß er in der Art der Zusammensetzung dem treuen Minister einen Schutz gegen willkürliche Verfolgung, andererseits jedoch auch dafür Bürgschaft bieten, daß der treulose und pflichtvergessene höchste Diener des Staats der verdienten Ahndung nicht entgehe. Wenn man nun auch die Frage, wem in einem concreten Staate das Richteramt über Ministeranklagen anvertraut werden soll, nur nach den besonderen Verhältnissen jedes Staats und den in demselben vorhandenen Elementen wird beantworten können, so lassen sich nichtsdestoweniger aus der Natur der Verantwortlichkeit einige allgemeine Grundsätze ableiten, welche überall bei der Bildung und Zusammensetzung des Gerichtshofes maßgebend sein müssen. Ehe wir jedoch die wenigen allgemeineren Gesichtspunkte für die Organisation des Tribunals festzusetzen versuchen, wird es zweckmäßig sein, den in den verschiedenen Staaten bestehenden Einrichtungen eine kurze kritische Betrachtung zu widmen. Es wird sich dabei zeigen, daß die meisten derselben mit kleinen Vorzügen große Nachtheile verbinden, daß sie wenig den Anforderungen eines guten Gerichtshofes entsprechen.

In England, dem Mutterlande des Constitutionalismus, ist dem aristokratischen Theile der Gesammtvertretung, dem Oberhause, die Gerichtsbarkeit über alle vom Unterhause erhobenen Anklagen übertragen. Diese Einrichtung, welche früher vorzugsweise von den französischen Bewunderern der englischen Verfassung als Muster hingestellt und vertheidigt wurde,[1]) ist in vielen Staaten mit Pairskammern in Bezug auf Ministeranklagen adoptirt worden.[2]) Wie bei so vielen Nachahmungen englischer Institutionen übersah man auch bei Verpflanzung dieser Einrichtung auf fremden Boden, daß dieselbe sich in England historisch und im innigsten Zusammenhange mit der Entwickelung der gesammten Gerichtsorganisation

---

[1]) Siehe die Schriftsteller bei Murhard, S. 766.

[2]) Sicilien, 1812, Art. 96; Frankreich, 1814, Art. 55; 1830, Art. 47; Portugal, 1826, Art. 40; Spanien, 1845, § 40; Griechenland, 1844, § 84; Brasilien, Gesetz v. 23. November 1841; Ungarn, III. Gesetzesartikel 1848, § 34. Die brittische Einrichtung wurde auch von der N. A. Unionsverfassung, Art. 1, Sect. 3, § 6 u. 7, und vielen einzelnen Bundesstaaten angenommen. (Vergl. The Constitution of the Several States of the Union and United States, New-York 1866 und Mohl, S. 313, N. 2.)

ausgebildet hatte,[1]) daß sie überall da, wo diese Voraussetzungen fehlen, eine Anomalie sei; man berücksichtigte weder die Verschiedenheit der Stellung des brittischen Oberhauses von jener der Pairskammern anderer Länder, noch die Erfahrungen über die richterliche Wirksamkeit desselben. In der That giebt es, wie auch die meisten Theoretiker anerkennen,[2]) kaum ein Organ, das weniger zum Richteramte über Ministeranklagen geeignet wäre, als der aristokratische Theil der Volksvertretung. Eine Körperschaft, welche selbst den lebhaftesten activen Antheil an den Geschäften des Staats und an den öffentlichen Angelegenheiten nimmt, ist von vornherein zum Richteramte disqualificirt. Denn wenn man auch nicht leugnen kann, daß die Pairskammer hinsichtlich der Kenntniß des öffentlichen Rechts, der politischen Fähigkeit, der Einsicht in das Leben und die Geschäfte des Staats, hinsichtlich der Erkenntniß der anzustrebenden Ziele und der Autorität allen Anforderungen entspricht, so fehlt ihr doch das erste und Haupterforderniß eines guten Richters: die Unparteilichkeit.[3]) Als eine politische und, trotz ihrer vermittelnden Stellung, von Parteiinteressen beherrschte Körperschaft, vermag die Pairskammer schon deswegen keine Garantie einer nicht voreingenommenen objectiven Beurtheilung zu bieten, weil sie mit den Organen der Executive bald in freundschaftlichen, bald in feindlichen Beziehungen steht, weil sie möglicherweise über Maßregeln urtheilen soll, zu denen entweder ihre eigene Zustimmung erforderlich gewesen wäre, oder welche sie schon früher in irgend einer Weise billigte oder mißbilligte;[4]) sie ist keine unparteiische Richterin, weil sie nach der Natur ihrer Stellung, als ein politisch thätiges Organ, sich über die Person des angeschuldigten Ministers ein Urtheil bildet, ehe sie noch zum Richterspruch berufen ist.[5]) Aber auch in Be-

[1]) Vergl. über die Stellung des Oberhauses in der richterlichen Hierarchie Hallam, const. hist., III, S. 245 ff.; Mohl, S. 315.

[2]) Mohl, S. 327; Murhard, S. 771; Buddeus, S. 73 ff.; Kerkhove, S. 154; Lagemans, S. 59. Vertheidigt wird die Gerichtsbarkeit des Oberhauses von Rößler, II, S. 89 ff. Dieser Schriftsteller hat ein so merkwürdiges Vertrauen zum Oberhause, daß er die Fällung eines parteiischen Urtheils durch dasselbe für nicht „denkbar" hält.

[3]) Mohl, S. 318.

[4]) Cherbuliez, Théorie, II, S. 157.

[5]) Treffend sagt Lord John Russell (An essay on the history of the English government and const., S. 164) mit Bezug auf die Gerichtsbarkeit

treff der Unabhängigkeit bietet das Oberhaus, in vielen Staaten wenigstens, keine ausreichende Sicherheit; denn abgesehen davon, daß dasselbe vermöge seiner aristokratischen Sonder- und Parteiinteressen oft geneigt sein wird, sich auf die Seite der Regierung zu stellen, so ist der letzteren außerdem in den meisten Staaten ein so mächtiger Einfluß auf die Zusammensetzung der Pairskammer eingeräumt, daß dieselbe sich immer in einem gewissen Abhängigkeitsverhältnisse zur Krone befinden wird.[1]) Wo der Regierung gar die Vermehrung der Pairs zusteht, kann sie unmittelbar auf die Entscheidung selbst durch Creirung neuer gefügiger Pairs den nachtheiligsten Einfluß üben. Dazu kommen noch eine Menge von Nebennachtheilen. So werden dadurch, daß dem Oberhause und dem Unterhause, welche sonst bei allen Fragen in gleicher Weise zusammenwirken, im Processe so verschiedene Rollen zugetheilt sind, leicht Conflicte und Spaltungen zwischen beiden Körperschaften theils zufällig, theils absichtlich herbeigeführt werden, um das Verfahren zu verschleppen und das Urtheil hinauszuschieben.[2]) Erwägt man endlich noch, daß durch die langwierigen processualischen Verhandlungen und Untersuchungen im Ober- und Unterhause die Besorgung der übrigen staatlichen Geschäfte, das öffentliche Interesse leiden könnte, daß oft Mitglieder urtheilen, welche dem Verfahren nicht beigewohnt, kein Wort von den Beweisen und der Vertheidigung gehört haben,[3]) so genügen unseres Erachtens schon diese Nebennachtheile, um das Oberhaus zum Richteramte über ministerielle Pflichtverletzungen ungeeignet zu machen. Die Uebertragung der Jurisdiction über die Minister an das Oberhaus ist aber principiell aus dem Grunde ausgeschlossen, weil ihm, ebenso wie dem Unterhause, das Recht der Anklage zukommt. Dem Oberhause gebührt dieses Rechtsmittel nicht blos zum Schutze seiner besonderen Rechtssphäre, sondern weil die Befugnisse beider

---

des Hauses der Lords: „It is difficult, if not impossible, to bring a principal minister before them, on whose conduct they have not already pronounced judgment in their own minds."

[1]) Murhard, S. 769.

[2]) Die Geschichte der englischen impeachments bietet hierfür mannigfache Belege. So dauerte das impeachment gegen Hastings nicht weniger als acht Jahre, und endete mit einer Freisprechung. Vergl. Russell a. a. O.; Mohl, S. 323.

[3]) Russell a. a. O.

Vertretungskörper in Bezug auf Wahrnehmung und Beschützung der Volksrechte und Interessen gleich sein müssen. Jedem derselben steht, unabhängig von dem anderen, die Controle der Regierung zu, und jeder dieser Factoren muß daher auch selbständig berechtigt sein, pflichtwidrige Minister zur Rechenschaft zu ziehen.[1]) Dieselbe Körperschaft kann aber unmöglich zur Anklage und zur Aburtheilung berufen sein.

Viele Staaten haben es in der That vorgezogen, vom Beispiel Englands abweichend, dem obersten Gerichtshofe des Landes die Competenz über die Ministeranklagen zu übertragen.[2]) Aber auch an dieser Einrichtung haften schwere Nachtheile. Den Mitgliedern der obersten Gerichtshöfe, welche nur juristisch gebildet und an eine logische Anwendung des Gesetzes gewöhnt sind, fehlt es vor Allem an der zur Beurtheilung der Pflichtverletzungen der Minister absolut unentbehrlichen politischen Begabung und staatsmännischen Fähigkeit. Die ausgezeichnetste Rechtsgelehrsamkeit reicht nicht aus, wenn sie nicht gepaart ist mit politischem Verstand, mit einer tiefen Erkenntniß der Bedürfnisse und der Verwaltung des Staats. So wenig sich die ordentlichen Gerichte zur Ausübung der Disciplinargerichtsbarkeit über Verwaltungsbeamte überhaupt eignen, so sehr und noch in höherem Grade sind sie unfähig, über Pflichtverletzungen von Ministern zu erkennen. Zu diesem Mangel gesellt sich aber das noch tiefer greifende Bedenken in Bezug auf das Erforderniß der Unabhängigkeit des Gerichts.[3]) Allerdings ist in jenen Staaten, in welchen, wie in Belgien und Holland, die Mitglieder des obersten Gerichtshofes nur auf Vorschlag der Volksvertretung und des Gerichtshofes vom König ernannt werden können, eine gewisse Unabhängigkeit gesichert und die Möglichkeit einer Beeinflussung

---

[1]) Vergl. S. 69, Note 1.

[2]) Belgien, 1831, § 134; Holland, Gesetz über die Ministerverantwortlichkeit v. 22. April 1855, Art. 5; Griechenland, Const. v. 1862, Art. 80. — Die deutschen Verfassungen bei Zöpfl, II, S. 429, Anm. 1 u. 2. Ueber die einzelnen nordamerikanischen Bundesstaaten, welche ihren obersten Gerichtshöfen die Jurisdiction über das impeachment übertragen, vergl. die oben citirte Sammlung und Mohl, S. 301, N. 9. — Von den Schriftstellern vertheidigt Buddeus, S. 74 ff., ausführlich die Uebertragung der Gerichtsbarkeit an die obersten Landesgerichte.

[3]) Bluntschli, Staatswörterb., X, S. 753.

gering;[1]) hingegen liegt in jenen Ländern, wo die Besetzung des obersten Gerichts ausschließlich von der Regierung ausgeht, wie dies namentlich überall in Deutschland der Fall ist, die Gefahr einer gesetzwidrigen Einwirkung sehr nahe. Es ist dann nicht nur in die Hand der Regierung gegeben, den obersten Gerichtshof mit Rücksicht auf dessen richterliche Functionen bei Ministeranklagen in einer die Unabhängigkeit und Integrität der Justiz gefährdenden Weise mit gefügigen Individuen zu besetzen, sondern es stehen ihr außerdem eine Menge von Mitteln zu Gebote, um eine gefährliche Pression auf die Richter zu üben.

Dem ersten Nachtheil, dem Mangel der politischen Einsicht der obersten Gerichtshöfe, haben jene Staaten begegnet, welche politische und richterliche Elemente zur Bildung des Gerichtshofes heranziehen.[2]) Indem man der mit politischer Erfahrung begabten Körperschaft rechts- und gesetzeskundige Richter beigiebt, wird allerdings die Möglichkeit einer Beurtheilung und Würdigung der Handlung sowohl vom Standpunkt der Staatsinteressen wie des positiven Rechts gegeben; aber alle jene Gründe, welche wir für den Ausschluß der an den Staatsgeschäften activ theilnehmenden Organe, sowie der von der Regierung abhängigen Gerichtshöfe vom Richteramte geltend gemacht haben, bleiben auch gegen diese Combination in voller Kraft.[3])

In einzelnen deutschen Staaten war offenbar bei der gesetzlichen Regulirung der Zusammensetzung des Staatsgerichtshofs der zweite Gesichtspunkt, der Mangel der Unabhängigkeit der obersten

---

[1]) Vorzugsweise mit Rücksicht darauf erklären sich mit der Jurisdiction der obersten Gerichte einverstanden Kerkhove, S. 158, und Lagemans, S. 63.

[2]) Nach der norwegischen Verf. v. 1814, § 26, wird das Reichsgericht gebildet aus dem Lagthing und dem obersten Gerichtshof. New-York, Verf. v. 1822. Baden, M.-V.-G. 1868, § 67b: „Das Richteramt über die im vorigen Paragraphen erwähnte Anklage übt die erste Kammer als Staatsgerichtshof in Verbindung mit dem Präsidenten des obersten Gerichtshofs und acht weiteren Richtern aus, welche aus den Collegialgerichten durch das Loos bezeichnet und der ersten Kammer beigeordnet werden." — Vergl. außerdem Sen. Cons. v. 1804, Tit. III, § 104; Schweden, 1809, § 102.

[3]) Mohl, S. 375, giebt einer Verbindung der ganzen Pairskammer mit dem obersten Gerichtshof den Vorzug vor allen anderen Organisationen des Staatsgerichtshofs; wir wissen nicht, wie dies mit der Ansicht dieses Schriftstellers, daß jeder Kammer das Anklagerecht zustehen müsse, zu vereinbaren ist.

Gerichte, sowie das Bedenken wegen deren Beeinflussung durch die Regierung, maßgebend. So griff man zu besonders errichteten Staatsgerichtshöfen, deren Mitglieder zum Theil vom Staatsoberhaupte, zum Theil von der Volksvertretung meist aus dem Richterstande ernannt werden.[1]) Es erklärt sich diese Bevorzugung des juristischen Elements insbesondere daraus, daß in diesen Staaten die Verantwortlichkeit der Minister auf Gesetzesverletzungen beschränkt ist. Den Maßstab für die Würdigung dieser im Einzeln sehr verschieden gestalteten Einrichtung wird man in unserer Feststellung der hauptsächlichsten Gesichtspunkte für die Organisation des Gerichtshofs, wie sie sich aus der Natur der Verantwortlichkeit und der Stellung der Minister ergeben, finden.

Das unentbehrlichste Erforderniß des Gerichtshofs ist, daß derselbe eine sowohl von der Regierung wie von der Volksvertretung unabhängige, selbständige und unbeeinflußte Stellung einnehme.[2]) Daraus folgt nicht nur, daß die beiden Factoren der Gesammtvertretung des Volkes vom Richteramte absolut auszuschließen sind, sondern dasselbe gilt von allen jenen Organen und Behörden, welche sich ihrer Stellung nach direct oder indirect unter dem Einfluß der Regierung befinden. Würde in einem Staate ein wahrhaft selbständiges und unabhängiges, aus tüchtigen politischen und juristischen Elementen zusammengesetztes und mit den Anforderungen des Staatsdienstes vertrautes Organ, z. B. ein Staatsrath, existiren, dem die Disciplinargerichtsbarkeit über alle Staatsdiener zustände, so läge nichts im Wege, ihm auch die Jurisdiction über die von der Volksvertretung gegen die Minister erhobenen Anklagen zu übertragen. Wo dies nicht der Fall ist, muß ein besonderer Gerichtshof aus Männern gebildet werden, welche durch Selbständigkeit, Unabhängigkeit, Redlichkeit und Gewissenhaftigkeit ausgezeichnet sind,

---

[1]) Würtemberg, V.-U. 1819, § 196; K. Sachsen, V.-U. 1831, § 142; Braunschweig, N. L.-O. 1832, § 109; Sachsen-Weimar, Rev. Grundgesetz 1850, § 51, 52; Oldenburg, Rev. Verfassung 1852, Anl. III, § 1. Zöpfl, II, S. 430, Note 4.

[2]) Ancillon, Nouveaux essais, II, S. 89: „Mais s'ils (die Minister) doivent pouvoir être accusés, il faut qu'il existe un tribunal, indépendant du peuple et de ses représentans, d'une côté, du roi et de l'influence ministérielle, de l'autre, qui, sans danger, et en toute liberté puisse les condamner ou les absoudre." Vergl. auch Bluntschli, Staatswörterb., X, S. 753.

welche, außerhalb des Getriebes und der Leidenschaften der Parteien stehend, mit dem Gefühl der Pflicht und der Bedeutung ihrer Aufgabe einen tiefen Patriotismus und das Bewußtsein ihrer großen moralischen Verantwortlichkeit verbinden. Neben diesen allgemeinen Erfordernissen jedes guten Gerichtshofs folgt aber aus der Natur der ministeriellen Verantwortlichkeit, bei welcher es sich insbesondere um Beurtheilung staatlicher Pflichten, um Einsicht und Erfahrung in politischen Dingen handelt, daß die Richter vorzugsweise einen richtigen politischen Blick, eine tiefe Erkenntniß des Wesens, der Bedürfnisse und Geschäfte des Staats besitzen müssen. Die Richter über die Pflichtwidrigkeiten der Minister müssen juristisch durchgebildete Staatsmänner sein,[1]) weil zur richtigen Beurtheilung der staatlichen Pflichten und der Staatsinteressen mehr staatsmännische Begabung, als ausgezeichnete Rechtsgelehrtheit, mehr practische politische Erfahrung, als juristischer Scharfsinn nothwendig ist.[2]) Der Gerichtshof muß endlich in einer solchen Weise organisirt sein, daß eine schleunige Procedur ohne Aufregung der Leidenschaften des Volkes möglich ist.

§ 11.

Verfahren.

Wir haben hier vor Allem die Frage zu prüfen, welche Verfahrungsmaxime bei Ministeranklagen die geeignetste ist: Der Untersuchungs- oder Anklageproceß. Ein principieller Grund zur Ausschließung einer dieser Maximen ist aus dem Wesen der Disciplinar-

---

[1]) John, S. 594.

[2]) Ob dies durch die Bestimmung des österreichischen Ministerverantwortlichkeitsgesetzes von 1867 über die Bildung des Staatsgerichtshofs erreicht ist, mag mehr als zweifelhaft sein. § 16: „Der Staatsgerichtshof ist in der Art zu bilden, daß jedes der beiden Häuser des Reichsraths aus den im Reichsrathe vertretenen Königreichen und Ländern zwölf unabhängige und gesetzeskundige Staatsbürger, welche jedoch keinem der beiden Häuser des Reichsraths angehören dürfen, für die Dauer von 6 Jahren als Mitglieder des Staatsgerichtshofs wählt." Jedenfalls aber ist die Vorschrift dieses Gesetzes (§ 23), daß der so gebildete Staatsgerichtshof auch über das in der Verfassungsverletzung liegende gemeine oder Amtsverbrechen zu erkennen habe, durchaus zu verwerfen. Dazu ist dieser Gerichtshof in keiner Weise qualificirt.

gerichtsbarkeit überhaupt nicht abzuleiten; wenn man aber die so verschiedenen Grundsätze und Regeln beider Verfahrungsweisen mit Rücksicht auf die bei Ministeranklagen in Betracht kommenden Verhältnisse, insbesondere auf die Stellung der Volksvertretung den Ministern gegenüber erwägt, so erkennt man auf den ersten Blick, daß hier die Untersuchungsmaxime ungeeignet und mit schweren Nachtheilen verbunden wäre. Nach den Principien des Untersuchungsprocesses hätte die Anklage der Volksvertretung nur die Bedeutung einer einfachen Denunciation; mit der vollzogenen Anzeige beim Staatsgerichtshof zur Einleitung einer Untersuchung wäre die Function der Volksvertretung beendet und sie hätte dann in keiner Weise mehr selbstthätig in den Gang des Verfahrens einzugreifen. Es wäre dann lediglich Sache des Gerichtshofs, die Thatsachen zu prüfen, die Beweise für die Schuld des Angeklagten durch eigene Thätigkeit zu erforschen und die Untersuchung zu Ende zu bringen. Dieser Weg würde aber in den wenigsten Fällen sein Ziel, die Erforschung der objectiven Wahrheit, erreichen, während auf der anderen Seite dadurch der Volksvertretung eine im Interesse der Sache unentbehrliche Einwirkung entzogen würde. Nicht der Richter, sondern die Volksvertretung ist vermöge ihrer Stellung im Staatsorganismus am meisten in der Lage, das Beweismaterial zur Ueberführung des angeschuldigten Ministers herbeizuschaffen; sie allein vermag zu bestimmen, welche Thatsachen dem Angeklagten zur Last gelegt werden sollen, welche Momente, die sich im Laufe des Verfahrens ergeben, in die Anklage mit hineingezogen werden dürfen; die Volksvertretung ist am besten befähigt, die Relevanz der einzelnen Thatsachen zu prüfen, und zu beurtheilen, inwieweit die Verfolgung fortzusetzen sei, ob das Staatswohl ein Abstehen von derselben erheische; kurz sie muß in allen Stadien des Processes selbstthätig mitwirken. Es kann sonach keinem begründeten Zweifel unterliegen, daß das zur Ermittelung der Wahrheit überhaupt viel geeignetere accusatorische Verfahren, nach welchem der Volksvertretung die Rolle eines förmlichen Anklägers zufällt, hier der Natur der Sache vollkommen entspricht.[1]) Dadurch, daß die Volksvertretung selbst die An-

[1]) Vergl. die gründlichen Ausführungen Mohl's, S. 416—428. In einzelnen deutschen Verfassungen ist das accusatorische Verfahren ausdrücklich vorgeschrieben. Zöpfl, II, S. 431, und S. 104, Note 2.

klage zu vertreten und durchzuführen hat, gewinnt die Verfolgung keineswegs den Charakter einer persönlichen; die Volksvertretung erscheint nicht als eine Partei, sondern sie hat die Stellung eines öffentlichen Anklägers.[1]) Natürlich kann die Volksvertretung nicht in ihrer Gesammtheit sich am Fortgang des Processes betheiligen, sondern sie muß durch Wahl aus ihrer Mitte einige Mitglieder bestimmen, welche mit der Durchführung der Anklage vor dem Staatsgerichtshofe betraut werden.[2]) Diesen zur Vertretung der Anklage berufenen Commissären der Volksvertretung müssen alle Rechte und Functionen eines öffentlichen Anklägers eingeräumt werden; sie haben die Anklage einzureichen, die Beweise herbeizuschaffen, überhaupt in allen Phasen des Processes selbstthätig beim Gerichtshof mitzuwirken.[3])

Haben wir somit den Anklageproceß als den hier in Frage kommenden besonderen Verhältnissen allein entsprechend anzuerkennen, so folgt aus der disciplinaren Natur der Verantwortlichkeit selbst, daß das Verfahren ein beschleunigtes sein muß,[4]) und daß die Richter nicht an positive Beweisregeln gebunden werden dürfen, sondern nach ihrer freien, aus den Beweisen geschöpften Ueberzeugung zu urtheilen haben.[5]) Das Verfahren, wenn auch möglichst beschleu-

[1]) Auch in England protestirten die Gemeinen dagegen, bei einem vom Parlamente gefällten oder zu fällenden Urtheil als Partei betrachtet zu werden. So sagt Jefferson, IX, S. 85: „They have been generally, and more justly considered, as if before stated, as the grand jury." Gneist, I, S. 398.

[2]) Besondere Commissäre oder ständische Anwälte zur Einreichung und Vertretung der Anklage nennen folgende Gesetze: Bayern, Gesetz v. 4. Juni 1848, § 11; Sachsen-Weimar, Gesetz über die Erhebung von Anklagen gegen Minister v. 22. October 1850, § 7; Oldenburg, Rev. Staatsgrundgesetz 1852, Anl. III, § 18; Reuß j. L., Rev. Grundgesetz 1852, § 115; Oesterreich, M.-V.-G. vom 25. Juli 1867, § 15. Vergl. einzelne ausländische Verfassungen bei Kerkhove, S. 230, N. 4, und über England Mohl, S. 476 ff.

[3]) Kerkhove, S. 227 ff.

[4]) Heffter, N. Archiv des Criminalrechts, XIII, S. 181. — Oesterreich, M.-V.-G. 1867, § 16, Abs. 3: „Die Untersuchung ist längstens binnen sechs Monaten zu Ende zu führen." Diese Bestimmung ist nur insofern bedenklich, als dem Gerichtshofe auch die Aburtheilung der gemeinen und Amtsverbrechen überlassen ist. (Vergl. S. 102, Note 2.)

[5]) Oldenburg, Rev. Grundgesetz 1852, Anl. III, § 19: „Der Staatsgerichtshof ist an positive Beweisregeln nicht gebunden und entscheidet nach seiner gewissenhaften Ueberzeugung." Oesterreich, M.-V.-G. 1867, § 20, Abs. 3. Diese Grundsätze sind auch bei Disciplinaruntersuchungen gegen untere Staatsdiener anerkannt. Vergl. Rönne, II, S. 321.

nigt, soll aber darum kein übereiltes und ungeregeltes sein, und insbesondere ist es nothwendig, gerecht und billig, daß dem angeschuldigten Minister der freieste Spielraum bei seiner Vertheidigung gestattet werde. Aber jeder überflüssige, das Verfahren verschleppende Formalismus muß streng vermieden werden, weil, der Natur der Verantwortlichkeit nach, das Interesse des Staates und das des Angeklagten gleichmäßig eine rasche Procedur und Entscheidung gebieterisch fordern.

Eine andere Frage, die wir genauer zu prüfen haben, betrifft die rechtliche Wirkung der beschlossenen Anklage oder des eingeleiteten Verfahrens auf die Person des Ministers. Von den wenigen Theoretikern, welche sich mit dieser Frage beschäftigten, wollen jene, welche der strafrechtlichen Auffassung der Verantwortlichkeit huldigen, übereinstimmend mit den strafprocessualischen Grundsätzen, die Verfügung über die Person des Angeschuldigten während der Dauer des Processes dem freien Ermessen des Richters überlassen, so daß dieser die in den verschiedenen Stadien des Processes sich nothwendig erweisenden Sicherheitsmaßregeln: Caution, Suspension, Verhaftung anzuordnen berechtigt wäre.[1]) Für uns, die wir die Verantwortlichkeit als eine disciplinare betrachten, vereinfacht sich die Frage, und wir haben nur den Einfluß der Anklage, beziehungsweise des Verfahrens auf die amtliche Stellung der Minister zu erwägen und festzustellen. Nach den in den meisten Staaten bezüglich des Disciplinarverfahrens gegen untere Beamte geltenden Grundsätzen, tritt eine vorläufige Suspension vom Amte gesetzlich nur mit Einleitung eines strafgerichtlichen Verfahrens ein, während bei Disciplinaruntersuchungen eine vorläufige Entziehung des Amtes mit Beginn oder im Laufe des Verfahrens verhängt werden kann.[2]) Die Suspension als provisorische Maßregel soll namentlich dann erfolgen, wenn die Beibehaltung des Amtes mit öffentlichem Aergerniß verbunden wäre,[3]) oder das Verbleiben in seiner Stellung dem Beamten Gelegenheit gäbe, die Untersuchung zu hintertreiben oder Beweismittel zur Erforschung der Wahrheit zu unterdrücken.[4]) Es

---

[1]) Mohl, S. 463 ff.; Kerkhove, S. 221, N. 4.

[2]) Disciplinargesetze bei Heffter, Archiv des Criminalrechts, Neue Folge, S. 441, 442; Stubenrauch, I, S. 170.

[3]) C. 13, C. II, qu. 5.

[4]) H. A. Zachariae, Deutsches Staats- u. Bundesrecht, II, S. 82, 83.

frägt sich nun, ob und inwieweit diese Grundsätze auch auf die in Folge einer ständischen Anklage gegen Minister eingeleitete Disciplinaruntersuchung anwendbar sind. Soll es, da keine höhere Behörde existirt, dem Gerichtshof überlassen werden, die vorläufige Einstellung der amtlichen Wirksamkeit des Ministers nach seinem Ermessen anzuordnen, oder sprechen besondere Gründe dafür, daß hier, abweichend von der Regel, diese Wirkung ipso jure eintrete und mit welchem Zeitpunkte? Wir wollen zuerst die zweite Frage beantworten, da sich damit die erste von selbst erledigen wird. Vor Allem ist der Zeitpunkt, mit welchem die Suspension gesetzlich eintreten soll, schärfer in's Auge zu fassen. Die rechtliche Folge kann nämlich eintreten mit dem Momente, in welchem die Volksvertretung die Anklage beschließt, also vor Annahme derselben durch den Gerichtshof, oder erst mit dem Zeitpunkte der Anwachsung der Anklage beim Staatsgerichtshof. Den ersten Termin betreffend, kann es nicht zweifelhaft sein, daß es ganz unzulässig ist, dem einfachen Beschluß einer politischen Körperschaft eine juristische Wirkung auf die amtliche Stellung der höchsten Staatsdiener zu geben.[1]) Durch eine solche Bestimmung würde der Minister völlig der Willkür der Kammer überliefert sein, weil dieses Recht, aus Chikane ausgeübt, die Stellung eines Ministers unerträglich machen könnte. Läßt man nämlich schon mit dem Anklagebeschluß die Suspension des Ministers vom Amte eintreten, so könnte die Volksvertretung einen ihr persönlich unangenehmen Minister, der in Folge einer Abweisung der gegen ihn leichtfertig erhobenen Anklage durch den Staatsgerichtshof seine Amtsthätigkeit aufnehmen wollte, durch

[1]) Mohl, S. 473; Kerkhove, S. 221. — Auffallender Weise lassen alle Verfassungen, welche eine Suspension vorschreiben, dieselbe mit dem Zeitpunkt, wo die Volksvertretung die Anklageresolution faßt, eintreten. Spanien, Verf. v. 1812, § 229; Portugal, Verf. v. 1822, § 152; Bayern, Gesetz v. 4. Juni 1848, Art. 10: „Beschließen die Stände die Anklage, so hat der König den Minister zu suspendiren.“ Schleswig-Holstein, M.-V.-G. 1848, § 10; Oesterreich, Gesetz über die M.-V. v. 25. Juli 1867, § 12: „Beschließt das Haus den Minister in Anklagezustand zu versetzen, so hat derselbe seine amtliche Wirksamkeit einzustellen.“ — Sehr gründlich wurde über diese Frage gelegentlich der Berathung des neuen badischen Gesetzes über die Ministerverantwortlichkeit discutirt, aber, in Folge hartnäckiger Weigerung der Regierung, eine Bestimmung über die Suspension im Gesetze nicht aufgenommen. Vergl. Kusels Commissionsbericht (Beilage zum Protokoll der 50. Sitzung v. 7. Januar 1868) S. 4.

neuen Beschluß wieder suspendiren, und es stände ihr überhaupt nichts im Wege, dieses Experiment mit nie versagendem Erfolg zu wiederholen. Müssen wir uns somit gegen den Eintritt der Suspension mit dem Momente des Anklagebeschlusses entschieden erklären, so ist die zweite Frage, ob diese rechtliche Wirkung ipso jure mit der Annahme und Anwachsung der Anklage beim Staatsgerichtshof eintreten soll, ebenso entschieden bejahend zu beantworten. Wir halten dabei folgende Argumente für durchgreifend: Wenn auch die Annahme der Anklage seitens des Staatsgerichtshofes allerdings die Wahrscheinlichkeit einer Schuld noch nicht begründet, so wird man doch nicht leugnen können, daß damit die Möglichkeit einer Verurtheilung wegen schwerer Pflichtverletzung vorliegt. Schon diese müßte, unseres Erachtens, vollkommen genügen, um die vorläufige Einstellung der amtlichen Thätigkeit des Ministers zu rechtfertigen. Denn offenbar würde es das Gefühl des Volkes und das sittliche Bewußtsein des ganzen Beamtenstandes tief und empfindlich verletzen, wenn ein Minister, der sich auf Anklage der Volksvertretung vor einem Gerichtshofe von der Beschuldigung schwerer Pflichtverletzung zu reinigen hat, während der Dauer der Untersuchung die Functionen des höchsten Staatsamtes ausüben, rechtsverbindliche Anordnungen und Befehle ertheilen könnte; ebenso würde es dem auf wechselseitigen Vertrauen beruhenden Verhältniß zwischen der Volksvertretung und den Ministern wenig entsprechen, wenn die erstere genöthigt wäre, mit einem Minister, den sie wegen Pflichtvergessenheit gerichtlich verfolgt, den Verkehr fortzusetzen und im Interesse des Staats zusammenzuwirken. Es würde dies nur zu einer Verschärfung der in solchen außerordentlichen Fällen bestehenden Gegensätze führen und den Keim zu neuen Conflicten legen. Endlich, und dies ist, will man die übrigen Gründe nicht gelten lassen, der entscheidende, liegt mit dem Momente der Einleitung des Verfahrens die Gefahr vor, daß der angeklagte und im Amte gelassene Minister mit Hilfe der ihm zustehenden Gewalt und seines weitreichenden Einflusses Alles aufbieten werde, um die Untersuchung zu vereiteln, Beweismittel zu unterdrücken, dem Verfahren fortwährend Schwierigkeiten und Hindernisse in den Weg zu legen. Somit sind, wie diese Erörterungen zeigen, hier jene Bedingungen, unter denen gegen die anderen Staatsdiener eine vorläufige Suspension von den Behörden verhängt werden kann und soll, schon mit dem

Zeitpunkte der Anwachsung der Anklage beim Staatsgerichtshof vorhanden, und es rechtfertigt sich vollkommen die Forderung, daß dem Minister mit diesem Momente ipso jure die Ausübung seiner amtlichen Functionen bis zur Beendigung des Verfahrens entzogen werde. Außerdem enthält die Suspension durchaus keine unbillige Härte; sie ist weder eine Strafe, noch mit materiellen Nachtheilen verknüpft, sondern nur eine provisorische Sicherungsmaßregel im Interesse einer unparteiischen und unbeeinflußten Rechtspflege. Für einen angeklagten Minister, der sich seiner Unschuld bewußt ist, kann eine solche Neutralität während der Proceßdauer nur willkommen und vortheilhaft sein; denn ergäbe in diesem Falle die Untersuchung eine Freisprechung, so würde seine Ehre in den Augen des Volkes vollständig rehabilitirt sein, es würde sich ihm wieder das öffentliche Vertrauen zuwenden, während man andererseits, wenn der Minister während der Untersuchung im Amte bliebe, immer geneigt sein wird, in dem freisprechenden Erkenntniß die Frucht einer gesetzwidrigen Beeinflussung zu erblicken.

Nachdem wir nunmehr die rechtliche Wirkung des eingeleiteten Verfahrens auf die amtliche Stellung der Minister bestimmt haben müssen wir noch einzelne Momente berücksichtigen, welche auf den Fortgang des Verfahrens selbst von Einfluß sein können. Es sind dies die Unterbrechungen der Thätigkeit der Volksvertretung: Vertagung und Schließung des Landtages und die Unterbrechungen der Existenz derselben: Ablauf der gesetzlich bestimmten Legislaturperiode und Auflösung; sodann das freiwillige Fallenlassen einer bereits erhobenen Anklage. Um die in vieler Beziehung schwierige Frage nach dem Einfluß der Unterbrechungen in der Thätigkeit und dem Leben des anklagenden Organs auf den Lauf des Verfahrens beantworten zu können, müssen wir die allgemeinen rechtlichen Wirkungen derselben hinsichtlich der Geschäfte der Volksvertretung überhaupt feststellen suchen. Was zunächst die Unterbrechungen in der regelmäßigen ständischen Thätigkeit betrifft, so sind die juristischen Wirkungen der Vertagung und der Schließung sehr verschieden. Durch die Vertagung wird, gemäß den allgemeinen Grundsätzen, zwar ein Stillstand in der Thätigkeit der Volksvertretung herbeigeführt, aber mit dem Aufhören derselben werden alle Geschäfte in jenem Zustande, in welchem sie verlassen wurden, aufgenommen und weitergeführt. Dagegen hat die zweite Art der Unterbrechung der Thätigkeit der Volksrepräsentation, die Schließung der Session, obgleich hier, wie bei der Vertagung, das Leben der alten Volksvertretung fortdauert, mit dem Ablauf der Legislaturperiode und der Auflösung, wodurch der rechtliche Bestand der alten Volksvertretung vernichtet wird, gemeinsam, daß alle begonnenen und nicht beendigten Geschäfte hinfällig und ganz von Neuem eingebracht werden müssen. Wollte man nun diese bezüglich aller Geschäfte der Volksvertretung geltenden Grundsätze auch auf den von ihr gegen einen Minister eingeleiteten Proceß anwenden, so müßte derselbe von dem Momente der Vertagung bis zur Wiederaufnahme der ständischen Thätigkeit ruhen; mit dem Sessionsschluß, dem Ablauf der Legislaturperiode und der Auflösung hingegen müßte der Proceß in seiner Totalität vernichtet werden, in dem ersten Falle, weil alle Geschäfte hinfällig werden, in den beiden letzteren, weil die Person des Klägers, ohne welche ein accusatorischer Prozeß nicht möglich, rechtlich zerstört ist und die Mitglieder der Volksvertretung mit dem Verlust ihrer Qualität als solche auch keinerlei ständische Functionen mehr ausüben können. Allein die Anwendung dieser allgemeinen Grundsätze auf das Verfahren wäre mit den größten und schwersten Mißständen verbunden. Durch die Quiescenz des Processes während der Vertagung würde eine unerträgliche, mit der absolut nothwendigen Beschleunigung des Verfahrens ganz unvereinbare Langsamkeit entstehen; in noch höherem Maße gilt dies selbstverständlich von der Schließung der Session, dem Ablauf der Legislaturperiode und der Auflösung, weil in allen diesen Fällen der Proceß, in welchem Stadium er sich auch befinden möge, vollständig hinfällig würde, und zur Wiederaufnahme desselben ein ganz neuer Anklagebeschluß gefaßt werden müßte. Dazu gesellt sich, bei der Schließung und Auflösung des Landtags wenigstens,[1] eine noch weit größere Gefahr; denn da diese beiden Rechte der Regierung verfassungsmäßig zustehen, so läge es in der Hand derselben, den Zweck des Gesetzes und die Wirksamkeit der ständischen Anklage aufzuheben; sie könnte in jedem Momente durch die Unterbrechung der Thätigkeit des Anklägers oder durch die juristische Vernichtung desselben jeden, der Entscheidung noch so nahe gerückten Proceß völlig zerstören. Demnach muß man sich, wiewohl eine

[1]) Hinsichtlich der Vertagung ist das Recht der Regierung gewöhnlich sehr beschränkt, so daß dieselbe hier nicht in Betracht kommt.

Abweichung von den allgemeinen Grundsätzen immerhin etwas bedenklich ist, mit aller Entschiedenheit gegen jeden Einfluß der Unterbrechungen der Thätigkeit und der Existenz der Volksvertretung auf den Gang des Verfahrens aussprechen.[1]) Das Mandat der mit der Verfolgung der Minister betrauten Commissäre muß vielmehr als ein selbständiges, von der Qualität als Ständemitglied und den Schicksalen der Volksvertretung unabhängiges aufgefaßt werden; den zur Vertretung der Anklage berufenen Mandataren muß, obgleich sie während der Thätigkeit und der Existenz der Volksvertretung immer an die Instructionen derselben gebunden sind, die Befugniß eingeräumt werden, den Prozeß auch während der verschiedenen Unterbrechung bei dem Staatsgerichtshofe durchzuführen.[2]) Denn nur dadurch kann die nothwendige Raschheit des Verfahrens gesichert und der Regierung die Möglichkeit einer Lähmung des ständischen Anklagerechts entzogen werden. — Viel leichter erscheint die Entscheidung der anderen Frage, ob die Volksvertretung befugt ist, eine bereits erhobene Anklage zurückzuziehen, und welche Wirkungen einem solchen freiwilligen Abstehen von der weiteren Verfolgung auf das

---

[1]) Mohl, S. 247, entscheidet sich mit Rücksicht auf die allgemeinen Regeln für die Hinfälligkeit des Processes mit dem Augenblicke der Auflösung. Wenn er aber einen Schutz des ständischen Klagerechts gegen die willkürliche Ausübung des Auflösungsrechts in der Anwendung jenes Rechts auf die die Auflösung contrasignirenden Minister zu finden glaubt, so ist dies, abgesehen von dem schon früher geltend gemachten Widerspruch mit seinem Princip (S. 36, Note 3) ganz unstichhaltig, weil auch in diesem Falle die Regierung durch ihr Auflösungsrecht den Proceß vernichten könnte.

[2]) In England hat der Grundsatz, daß die Unterbrechungen der Thätigkeit und der Existenz der Volksvertretung ohne Einfluß bleiben auf einen bereits eingeleiteten Proceß, erst im Jahre 1791 unbestrittene Geltung erlangt. Derselbe hat auch in einzelnen deutschen Gesetzen Anerkennung gefunden, obgleich dieselben keine näheren Bestimmungen über die Stellung der ständischen Commissäre in der Zwischenzeit enthalten. Vergl. Waldeck, V.-U. 1852, § 36. Oesterreich, Gesetz v. 1867, § 26: „Das Verfahren über einen zulässig befundenen Anklagebeschluß kann durch die Vertagung oder Schließung des Reichsraths und selbst durch die Auflösung des Hauses der Abgeordneten nicht gehemmt werden." — Baden, Gesetz v. 1868, § 67d: „Die während der Ständeversammlung beschlossene Anklage wird auch nach der Vertagung oder dem Schlusse des Landtages von den erwählten Commissären verfolgt, und die erste Kammer gilt in Beziehung auf diesen Gegenstand nicht als vertagt oder geschlossen."

Verfahren zukommen. Feststehend ist zunächst, daß die Volksvertretung, welche die Rechte und Interessen des Volkes wahrzunehmen hat, nicht blos berechtigt, sondern auch verpflichtet ist, ungetreue, dem Staate gefährliche Minister zur Rechenschaft zu ziehen. Aber diese Pflicht ist keine juristisch bindende. Das Anklagerecht der Volksvertretung besteht nur zum Schutz des Staats, zum Zwecke der Entfernung pflichtwidriger und verderblicher Minister. Bei Ausübung dieses Rechts ist das Staatswohl allein entscheidend. Und ebenso wie die Volksvertretung, wenn es die Staatsinteressen fordern, ihr Anklagerecht nicht auszuüben verpflichtet ist, ebenso muß sie befugt sein, wenn das Gemeinwohl und die öffentlichen Interessen es erheischen, in jedem Stadium des Processes die Anklage fallen zu lassen.[1]) Die rechtlichen Wirkungen des Fallenlassens einer bereits angestellten Anklage sind eine völlige Aufhebung des Verfahrens sowie aller die Person des Beschuldigten durch dasselbe treffenden Nachtheile, und die Unmöglichkeit, dieselbe Handlung zum Gegenstande einer neuen Anklage zu machen.[2])

An diese Erörterung über den Einfluß, welchen theils die verschiedenen Lebensschicksale der Volksvertretung, theils deren eigener Entschluß auf das bereits eingeleitete Verfahren ausüben, reiht sich naturgemäß die Betrachtung einzelner Momente, welche auf das Anklagerecht selbst einwirken, dasselbe aufheben können. Es kommen

---

[1]) A. M., aber ohne genügenden Grund, Rößler, II, S. 35. Des Rechts der Zurückziehung bereits erhobener Anklagen (welches auch den Regeln des Anklageprocesses vollkommen entspricht) erwähnen ausdrücklich: Waldeck, Gesetz vom 4. Juni 1850, Art. 15; Oldenburg, Rev. Grundgesetz 1852, Art. 203; Baden, Gesetz v. 1868, § 67a, Abs. 2. Das österreichische M.-V.-G. v. 25. Juli 1867, § 14, gestattet, mit Unrecht, nur ein Abstehen von der Anklage bis zum Beginne der Verhandlungen vor dem Staatsgerichtshofe. — Dagegen ist es selbstverständlich, daß, soll das Gesetz den Zweck erfüllen, dem Monarchen die Befugniß entzogen werden muß, das Verfahren zu hemmen. Daher ist in jenen Staaten, in welchen das Abolitionsrecht vom Monarchen allein ausgeübt wird, eine Beschränkung desselben in Bezug auf die gegen Minister in Folge einer ständischen Anklage eingeleitete Untersuchung durchaus nothwendig. Da wir eine Abolition überhaupt nur durch ein förmliches Gesetz für zulässig erachten, so ist es überflüssig, auf diese Frage hier näher einzugehen. Preußen, V.-U. 1850, § 49.

[2]) Waldeck, Gesetz v. 4. Juni 1850, Art. 15: „Die Zurücknahme einer erhobenen Anklage hat die Folge völliger Freisprechung für den Angeklagten.“ Die Bestimmung dieses Gesetzes, daß der Angeklagte auf die Beendigung der Untersuchung bestehen könne, ist nicht empfehlenswerth. Vergl. Mohl, S. 269.

hier in Betracht: der Verzicht der Volksvertretung auf ihr Anklagerecht, die erlöschende Verjährung desselben und der Austritt des Ministers aus dem Staatsdienst vor Anstellung der Anklage.

Wir haben uns hier zunächst mit dem Verzicht der Volksvertretung auf das ihr zustehende Recht der Anklage zu beschäftigen. Es ist schon früher hervorgehoben worden, daß für die Ausübung dieses Rechts lediglich das Staatswohl maßgebend ist. Sowie es daher der freien Entscheidung der Volksvertretung überlassen ist, eine Anklage zu erheben oder eine bereits angestellte Klage aus Rücksichten für die Wohlfahrt des Staats fallen zu lassen, ebenso muß sie auch berechtigt sein, auf ihre Anklage wegen einer bestimmten Handlung zu verzichten. Das Leben des Staats mit seinen mannigfachen Verwicklungen kann unter Umständen den Ministern eine Abweichung von den strengen Vorschriften des Gesetzes gebieten; es können wichtige Gründe ein Abgehen von den Pflichten des Amtes nothwendig machen. Die Volksvertretung ist dann allerdings formell befugt, auch in diesem Fall ihr Anklagerecht auszuüben; aber sie kann, wenn sie genügende Entschuldigungsgründe einer an sich pflichtwidrigen Handlung findet, darauf verzichten, dieselbe zum Gegenstand einer Anklage zu machen. Ebenso können, wenn auch der Pflichtverletzung des Ministers an und für sich keine Entschuldigung zur Seite steht, Rücksichten des Staatswohls einen Verzicht auf die Verfolgung erfordern. Ein solcher Verzicht ist aber für diese, sowie alle künftigen Kammern nur dann bindend, wenn er in der Form eines Gesetzes erfolgt.[1]) Der bloße Beschluß eines Theils oder beider Theile der Vertretung kann eben so wenig als juristisch bindender Verzicht aufgefaßt werden, als die einfache Billigung einer Handlung[2]) oder die Verwerfung einer beantragten Anklage durch die Volksvertretung;[3]) denn überhaupt nur durch ein förm-

[1]) Uebereinstimmend Mohl, S. 261, 262. Ganz verkehrte Ansichten über Indemnität finden sich bei Rößler, II, S. 84 ff.

[2]) Die Billigung als Ausschließungsgrund der Anklage nennen Braunschweig, N. L.-O. 1832, § 112; Baden, M.-V.-G. v. 20. Februar 1868, § 67f, Abs. 2.

[3]) Eine entgegengesetzte eigenthümliche Bestimmung enthält das holländische M.-V.-G. v. 1855, § 15, Abs. 2: „Wanneer echter de aanklagt, na gedaan onderzoek en gehouden beraadslagingen, door de Twede Kamer verworpen is, kann tegen den betrokken minister wegen dezelfde feiten, noch van onzentwege, noch van wege de Kamer, op nieuw eenig onderzoek ingesteld of eene strafvervolging gelast worden."

liches, vom Monarchen sanctionirtes Gesetz kann eine Volksvertretung sich selbst und ihren Nachfolgerinnen für die Zukunft ein Recht oder die Ausübung eines Rechtes in einem bestimmten Fall entziehen, sofern nicht, wie z. B. hinsichtlich der Decharge über die Rechnungslegung, ausdrücklich eine abweichende Bestimmung verfassungsmäßig gegeben ist. Eine solche Bestimmung in Bezug auf das Recht der Ministeranklage wäre aber sehr bedenklich, weil ein pflichtvergessener Minister gar zu leicht eine willfährige Majorität besonders für einen einfachen Beschluß findet.

Die zweite Frage, welche wir zu prüfen haben, betrifft den Einfluß der erlöschenden Verjährung. Von einer Verjährung der disciplinaren Ahndungen kann hier natürlich keine Rede sein, sondern nur von einem Erlöschen des Anklagerechts durch Ablauf einer bestimmten Zeit. Ebenso selbstverständlich ist es, daß die Bestimmungen über die Verjährung der strafrechtlichen Verfolgungen hier nicht anwendbar sind. Wenn aber andererseits hinsichtlich der staatsdienerlichen Verantwortlichkeit der unteren Beamten eine Verjährung der disciplinaren Verfolgung überhaupt nicht stattfindet, so daß selbst die Verjährung der Strafklage ohne Einfluß auf dieselbe ist, so rechtfertigt sich doch eine derartige Beschränkung des ständischen Anklagerechts gegenüber den Ministern auf eine bestimmte Zeit durch die hier obwaltenden eigenthümlichen Verhältnisse; insbesondere ist dabei die Rücksicht auf die umfassende Wirksamkeit der Minister sowie auf den Wechsel in der Person des Anklägers entscheidend. Es empfiehlt sich daher, daß das Gesetz eine angemessene Zeit fixire, mit deren ununterbrochenem Ablauf das Recht der Anklage wegen einer bestimmten Handlung erlöschen soll.[1])

[1]) In den Gesetzen finden sich sehr verschiedene Verjährungsfristen. Waldeck, Gesetz v. 4. Juni 1850, Art. 14 (2 Jahre); Baden, M.-V.-G. v. 20. Februar 1868, § 67f (3 Jahre); Oldenburg, Rev. Grundgesetz 1852, Art. 204 (4 Jahre); Holland, M.-V.-G. 1855, Art. 33, Abs. 1 (5 Jahre); Braunschweig, N. L.-O. 1832, § 108 (6 Jahre). Höchst bedenklich erscheint die Bestimmung des österr. M.-V.-G. vom 25. Juli 1867, § 27: „Die Verfolgung des Ministers vor dem Staatsgerichtshofe hört auf, zulässig zu sein, wenn die Anklage in der auf die gesetzwidrige Handlung unmittelbar folgenden, und, im Falle, wo diese Handlung erst mittels des Staatsrechnungsabschlusses dem Reichsrathe bekannt wird, in jener Reichsrathssession, in welcher der Rechnungsabschluß zur Prüfung gelangt, nicht erhoben worden ist.“ Abgesehen davon, daß die Verjährungsfrist überhaupt zu kurz bemessen ist, kann die dunkle und verfehlte Fassung dieser Gesetzesvorschrift

Wir haben uns in der vorstehenden Erörterung für die Möglichkeit einer Aufhebung des Anklagerechtes der Volksvertretung durch Verzicht sowohl wie durch Verjährung erklärt. Dagegen müssen wir dem Ausscheiden des Ministers aus dem Staatsdienstverbande vor Erhebung der Anklage [1]) jeden Einfluß auf die Ausübung des ständischen Anklagerechts absprechen. Freilich scheint es leicht bei oberflächlicher Betrachtung, als ob damit das Anklagerecht der Volksvertretung gegenstandslos werden müßte, weil eine Entlassung aus dem Staatsdienste gegen Jemanden, der bereits früher aus demselben ausgeschieden ist, nicht verhängt werden kann. Allein eine tiefere Prüfung führt zu einem anderen Ergebnisse. Der Zweck der Anklage ist nicht blos die Entfernung des pflichtwidrigen höchsten Staatsdieners vom Amte, sondern die Disqualification desselben zur Bekleidung seines früheren Amtes oder zur Uebernahme eines Staatsdienstes überhaupt.[2]) Diese beiden Zwecke sind bei Ministeranklagen untrennbar verbunden. Denn ebenso wie mit der bloßen Entlassung, ohne Disqualification, kein Schutz vorhanden wäre, weil dann der Monarch dem durch richterlichen Spruch aus seinem Amte entfernten Minister dasselbe augenblicklich wieder übertragen könnte, ebenso könnte der Minister, welcher, da der Anstellung der Anklage stets Verhandlungen in den Kammern vorausgehen, sich von einer Anklage bedroht sehen würde, das ganze Gesetz durch vorherigen freiwilligen Austritt aus dem Staatsdienste eludiren, und sich die Möglichkeit sofortiger Wiederanstellung sichern. Aber wie in dem ersten Falle, soll das Gesetz nicht illusorisch sein, dem Monarchen durch den richterlichen Ausspruch der Disqualification das Recht der

---

leicht zu einer mißbräuchlichen Auslegung und Anwendung derselben führen; denn da die Verfolgung mit dem Ablauf der auf die gesetzwidrige Handlung folgenden Reichsrathssession rechtlich unmöglich wird, so läge es ganz in der Willkür der Regierung durch Ausübung ihres Auflösungsrechts, wodurch ebenfalls die Reichsrathssession beendigt wird, eine Verjährung der Verfolgung herbeizuführen.

[1]) Nur diese Frage kommt hier in Betracht; denn wenn die Anklage bereits angestellt ist, wird der Austritt aus dem Staatsdienste unzulässig. Der Minister, welcher mit dem Beginne des Verfahrens vom Amte suspendirt wird, darf dann vor Beendigung desselben nicht aus dem Staatsdienste entlassen werden. Ganz entsprechend bestimmt das österr. M.-V.-G. 1867, § 30: „Die Dienstentsagung des Angeklagten vor Beendigung des Processes ist unstatthaft."

[2]) Vergl. S. 117 u. 118.

Wiederanstellung entzogen werden muß,[1]) ebenso muß im zweiten Falle, beim freiwilligen Rücktritt des Ministers vom Amte vor Anstellung der Anklage, der Volksvertretung das Recht der Anklage zustehen, wenn der Zweck des Gesetzes erreicht werden soll.[2]) Natürlich kann aber, da der Minister mit dem Austritte seine Eigenschaft als Staatsdiener verliert, das verurtheilende Erkenntniß nicht mehr die Entlassung vom Amte zum Inhalte haben, sondern dasselbe kann nur die Disqualification zum Ministeramte oder zum Staatsdienste aussprechen.[3])

§ 12.

Urtheil.

Bei Bestimmung der Ahndungen, welche der Staatsgerichtshof gegen die auf Anklage der Volksvertretung schuldig befundenen Minister verhängen soll, müssen wir wieder den von uns bisher durchgeführten Grundsatz festhalten, daß die durch die Stände zu realisirende Verantwortlichkeit der Minister nach ihrem Wesen und Inhalt der disciplinaren Verantwortlichkeit aller Staatsdiener ent-

---

[1]) Vergl. S. 122.

[2]) Nach der nordamerikanischen Unionsverfassung ist es ebenfalls zweifelhaft, ob der Beamte z. Z. des impeachment im Amte sein muß. Denn obgleich der Senat befugt ist, Dienstentlassung mit oder ohne Disqualification auszusprechen, so erscheint es, wie Story meint, nach dem Wortlaut der Constitution fraglich, ob er auch Unfähigkeit ohne Amtsentlassung verhängen kann. Story ist, wie wir glauben, mit Unrecht geneigt, diese Frage zu verneinen; denn wenn, wie er richtig bemerkt, das impeachment dazu bestimmt ist, den Staat vor pflichtwidrigen Dienern zu schützen, so liegt dieser Schutz nicht blos in der Entfernung vom Amte, sondern in dem Ausschlusse vom Staatsdienst. Die Verf. von New-Jersey gestattet ein impeachment 2 Jahre nach dem Austritt aus dem Amte; Georgien spricht überhaupt von „Personen, die im Amte gestanden haben". Rüttmann, Die nordamerik. Bundesverf., I, S. 221.

[3]) Die deutschen Verfassungen, welche die Anstellung der Anklage auch nach dem Ausscheiden des Ministers vom Staatsdienst zulassen, machen diese Unterscheidung nicht; das Urtheil muß also, obgleich der Minister nicht mehr im Staatsdienste ist, die Entlassung vom Amte aussprechen. Großh. Hessen, Gesetz v. 5. Juli 1821, Art. 3; K. Sachsen, V.-U. 1831, § 151; Waldeck, Gesetz vom 4. Juni 1850, Art. 10; Schwarzburg-Sondershausen, V.-U. 1857, § 57; Oesterreich, Gesetz v. 25. Juli 1867, § 30, Abs. 2; Baden, M.-V.-G. v. 20. Februar 1868, § 67a, Abs. 3.

spricht. Die Minister stehen der Volksvertretung in ihrer Eigenschaft als höchste Diener des Staates gegenüber. Die Volksvertretung hat lediglich die Erfüllung der staatsdienerlichen Pflichten der Minister zu überwachen; sie hat gegen jene Minister, welche das Gesetz oder ihre sonstigen Amtspflichten schwer verletzen ihr Anklagerecht geltend zu machen, damit der pflichtwidrige durch richterlichen Spruch aus dem Amte entfernt werde. Aus der disciplinaren Natur der Ministerverantwortlichkeit folgt somit unmittelbar, daß das Urtheil des Staatsgerichtshofs den Minister nur in seiner Eigenschaft als Staatsdiener, in seiner amtlichen Stellung treffen kann; daß wenn eine Handlung eines Ministers neben einer schweren Verletzung seiner staatsdienerlichen Pflicht in anderer Beziehung juristisches Unrecht enthält, gegen ein Strafgesetz verstößt, die Volksvertretung durch ihre Anklage nur die disciplinare Seite der Verantwortlichkeit zu realisiren hat, während die Aburtheilung der mit der Pflichtwidrigkeit concurrirenden gemeinen oder Amtsverbrechen vor die gewöhnlichen Strafgerichte gehört.[1]) Die Anklage der Volksvertretung bezieht sich immer nur auf die Verletzung der staatsdienerlichen Pflicht und daher dürfen die Ahndungen des Staatsgerichtshofs nur die staatsdienerliche Stellung der Minister treffen. Wir haben schon früher nachgewiesen, daß nicht alle Mittel der Disciplin, welche gegen untere Staatsdiener üblich und angemessen sind, auf die Minister angewandt werden können, daß vielmehr jene Grade der discipliniaren Ahndungen, welche einem Verbleiben im Amte nicht

[1]) Dieser Grundsatz ist in den meisten deutschen Verfassungen anerkannt. Der Staatsgerichtshof hat nur die das Amt treffende Ahndung auszusprechen, die Aburtheilung des in der Verfassungs- oder Pflichtverletzung liegenden gemeinen oder Amtsverbrechens wird mit Recht den ordentlichen Strafgerichten zugewiesen. (Vergl. die Verfassungen bei Zöpfl, II, S. 433.) Die Schriftsteller, welche von der strafrechtlichen Auffassung der Verantwortlichkeit ausgehen, finden hier eine Verletzung der Regel: ne bis in idem. (Mohl, S. 548, 549; Bischof, S. 57.) Nach unserer Ansicht ist ein solcher Widerspruch nicht vorhanden, weil strafgerichtliche und disciplinare Verfolgung nicht collidiren. — Nur drei Gesetze übertragen dem Staatsgerichtshof auch die Beurtheilung der mit der Verfassungsverletzung concurrirenden Verbrechen oder Vergehen: Sachsen-Weimar, Rev. Grundgesetz 1850, § 58; Oldenburg, Rev. Grundgesetz 1850, Art. 205, § 1; Oesterreich, Gesetz v. 1867, § 23, Abs. 2.

Ueber Amerika, wo der im Text vertheidigte Grundsatz in strengster Weise durchgeführt ist, siehe Story, I, S. 545.

entgegenstehen, hier hinwegfallen. Die Mittel der „bessernden" Disciplin sind bei Ministern grundsätzlich ausgeschlossen als mit der Würde und der Stellung der höchsten, unmittelbar unter dem Souverän stehenden und mit diesem direkt verkehrenden Staatsdiener absolut unvereinbar. Jene Nachlässigkeiten oder kleinere Pflichtwidrigkeiten, welche bei unteren Staatsdienern die Anwendung der niederen Disciplinarmittel durch ihre Oberbehörde erheischen, müßten außerdem bei Ministern erst zum Gegenstande einer Anklage durch die Volksvertretung und eines förmlichen gerichtlichen Verfahrens gemacht werden. Ein solcher Apparat stände durchaus im Mißverhältniß zu der Wichtigkeit des Falles, zumal die Volksvertretung unmittelbar genügende parlamentarische Mittel in der Hand hat, um den Ministern gegenüber in irgend einer Weise ihr Mißfallen und ihre Unzufriedenheit kundzugeben.[1]) Nur dann, wenn der Minister die Gesetze oder die aus der Natur des ihm anvertrauten Amtes fließenden Pflichten in der Weise schwer verletzt, daß dessen Verbleiben im Amte dem Staate gefährlich und schädlich wäre; wenn er durch eine grobe Pflichtwidrigkeit die Bedingungen, unter denen ihm sein Amt übetragen wurde, nicht erfüllte, oder auch nur unfähig ist, zu einer guten und ersprießlichen Leitung und Verwaltung des höchsten und wichtigsten Staatsamtes, hat die Volksvertretung einen juristisch bindenden Urtheilsspruch eines Gerichtshofes zu provociren, ob der Minister aus seinem Amte oder aus dem Staatsdienste zu entfernen sei. Die Disciplinargewalt des Staatsgerichtshofs kann demnach nur die Zwangsmittel der reinigenden Disciplin umfassen: die Entfernung vom Amte und die Entfernung aus dem Staatsdienste. Unter Entfernung vom Amte verstehen wir die Entziehung der Ministerstelle mit der rechtlichen Unfähigkeit zur ferneren Bekleidung derselben; unter Entfernung vom Staatsdienst die Entziehung des Ministeramtes verbunden mit der Disqualification zur Uebernahme

---

[1]) Einzelne deutsche Verfassungen haben ganz unpassend auch die Mittel der niederen Disciplin der Competenz des Staatsgerichtshofs überwiesen. Sachsen-Coburg-Gotha, V.-U. 1852, § 163: „Die Grade der „Ahndungen" — — nach der Größe der Schuld — —. Die Ahndungen selbst bestehen in Verweis, Suspension . . ." Baden, M.-V.-G. v. 1820, § 9: „Die „Ahndungen" selbst bestehen in Verweisen, Suspension . . ." Vergl. auch Würtemberg, V.-U. 1819, § 203.

irgend eines Staatsdienstes.[1]) Diese Unterscheidung ist nicht ohne Bedeutung. In dem ersteren Falle kann nämlich der vom Amte entfernte Minister mit Ausnahme der Ministerstelle in jedem anderen Staatsamte wieder angestellt werden; im zweiten ist er von allen Staatsämtern ausgeschlossen. Eine derartige Unterscheidung ist insofern gerechtfertigt, als der Fall nicht selten sein wird, daß ein Minister, der völlig unfähig zur Führung des höchsten Staatsamtes ist, in einem anderen Amte ganz am Platze wäre und sogar Ausgezeichnetes leisten könnte. Ist daher die Anklage der Volksvertretung subjectiv nicht sowohl durch bösen Willen oder grobe Vernachlässigung der Amtspflichten, als vielmehr durch Unfähigkeit zur Leitung des Ministeramtes begründet, so ist mit der bloßen Ausschließung vom Ministerposten der Zweck vollständig erreicht und dem Staate bleibt eine, in einer anderen Stellung vielleicht vortrefflich verwerthbare Kraft erhalten.[2]) Das verurtheilende Erkenntniß des Staatsgerichts

[1]) Eine solche Unterscheidung scheint nur das österr. M.-V.-G. v. 25. Juni 1867, § 23, zu machen: „Die gesetzliche Folge der Verurtheilung ist stets die Entfernung aus dem Rathe der Krone, es kann aber nach Beschaffenheit der erschwerenden Umstände auch auf Entlassung des Verurtheilten aus dem Staatsdienste — — erkannt werden.“ Das Badische M.-V.-G. v. 20. Februar 1868, § 67a, Abs. 4, kennt nur eine Entfernung aus dem Staatsdienst. In jenen deutschen Verfassungen, welche nur eine Entfernung vom Amte für zulässig erklären (K. Sachsen, V.-U. 1831, § 148; Braunschweig, Neue Landschaftsord. 1832, § 110; Hannover, V.-U. v. 5. Septbr. 1848, § 103) ist aber dadurch, daß eine Wiederanstellung nur dann möglich ist, wenn der Gerichtshof in dieser Beziehung einen Vorbehalt macht, mit der Amtsentlassung auch rechtlich die Unfähigkeit zum Staatsdienste verbunden. Vergl. auch Würtemberg, 1819, § 205; Reuß j. L., V.-U. 1852, § 116; Meiningen, V.-U. 1829, § 116. Uebrigens sind die Strafbestimmungen der deutschen Verfassungen sehr verschieden. Kurhessen, V.-U. 1831, § 100; Bayern, M.-V.-G. v. 1848, § 2; Schleswig-Holstein, M.-V.-G. 1848, § 2; Sachsen-Weimar, Rev. Grundgesetz 1850, § 58; Sachsen-Coburg-Gotha, V.-U. 1852, § 164. Zöpfl, II, S. 433.

[2]) Wir verlangen in jedem Falle Disqualification, wenn auch in verschiedenem Umfange. In dieser Forderung liegt zwar eine Abweichung von den herrschenden Grundsätzen über die Anwendung der höheren Disciplinarmittel gegen untere Staatsdiener, indem bei diesen die Entlassung vom Amte nicht immer mit Unfähigkeit verbunden ist; aber dieselbe rechtfertigt sich zum Theil dadurch, daß für die Wiederanstellung schlechter, durch Disciplinarspruch entlassener Staatsdiener die Minister selbst verantwortlich sind, besonders jedoch durch die Erwägung, daß die Minister, deren Wirksamkeit sich über das ganze Land erstreckt, mehr als alle anderen, auf niedererer Stufe stehenden Staatsdiener dem Staate gefährlich und unheilvoll werden können.

hat, nach unserer Ansicht, nur auszusprechen, daß der angeklagte Minister einer schweren Verletzung der ihm durch das Gesetz oder vermöge der Natur seines Amtes obliegenden Pflichten schuldig und daher entweder vom Amte oder aus dem Staatsdienste zu entfernen sei; im ersten Falle ist zugleich auf Disqualification zum Ministeramte, im zweiten zu allen Staatsämtern zu erkennen.[1])

§ 13.

Begnadigung.

Fast sämmtliche Grundgesetze beschränken, wenn auch in sehr verschiedener Weise, das fürstliche Recht der Begnadigung in Bezug auf die in Folge einer ständischen Anklage gegen Minister verhängten Strafen oder Ahndungen.[2]) Von den Theoretikern, welche von der strafrechtlichen Auffassung der Verantwortlichkeit ausgehen und dem Staatsgerichtshofe entweder eine discretionäre Strafgewalt oder doch die Aburtheilung der mit der Verfassungs- oder Pflichtverletzung concurrirenden gemeinen oder Amtsverbrechen überlassen, vertheidigen einige die Beschränkung des Begnadigungsrechts hinsichtlich aller vom Staatsgerichtshof gegen Minister verhängten Strafen,[3]) wäh-

[1]) Nach der nordamerikanischen Unionsverfassung, Art. 1, Sect. 3, kann der Senat nur Entfernung vom Amte und die Unfähigkeit zum Staatsdienste aussprechen. — Bluntschli, Staatswörterb., X, S. 755, will, daß der Gerichtshof in jenen Fällen, wo der Minister in gutem Glauben oder bei wirklicher Noth des Staats die Verfassung verletzte, zur Klärung des Verfassungsrechts das geschehene Unrecht constatire, aber keine Bestrafung verhänge. Wir halten eine derartige Bestimmung für überflüssig. Findet der Gerichtshof, daß das Wohl des Staats ein Hinwegsetzen über die strenge Vorschrift des Gesetzes nothwendig machte, oder daß jede subjective Schuld fehle, so hat er den Angeklagten freizusprechen.

[2]) In England ist dem König nur das Recht, die Untersuchung niederzuschlagen, entzogen, das Begnadigungsrecht nach erfolgter Verurtheilung in keiner Weise beschränkt. (May, S. 505; Cox, S. 462.) Die factische Ausübnng dieses Rechts in Betreff der vom Oberhause auf impeachment der Gemeinen verurtheilten Minister wird aber, wie sie bisher nicht vorkam, ohne Zustimmung des Parlaments gewiß nicht möglich sein. (Vergl. Fischel, S. 463.) Auch das Holländ. M.-V.-G. v. 1855 enthält keine Beschränkung des königl. Begnadigungsrechts.

[3]) Mohl, S. 579; Buddeus, S. 35 ff.; Kerkhove, S. 238 ff. Dasselbe thun jene Verfassungen, welche dem Staatsgerichtshof eine discretionäre Gewalt oder die Jurisdiction auch über das in der Verfassungsverletzung liegende Verbrechen einräumen. Belgien, 1831, § 91; Sachsen-Weimar, Rev. Grundgesetz 1850, § 59; Oesterreich, M.-V.-G. v. 25. Juli 1867, § 29.

rend andere dies nur bezüglich der Wiederanstellung thun,[1] oder für die Unbeschränktheit dieses Souveränetätsrechts eintreten.[2] Für die Beschränkung des Begnadigungsrechts wird zunächst geltend gemacht, daß ohne dieselbe die ganze Verantwortlichkeit illusorisch würde, weil es in dem persönlichen Belieben des Staatsoberhaupts stände, den Schuldigen der Bestrafung zu entziehen.[3] Außerdem sei der Monarch nicht nur in jenen Fällen, wo der Minister auf seinen Befehl oder im Einverständniß mit ihm gehandelt habe als Partei zu betrachten,[4] sondern es sei wegen des Bandes der Freund-

---

[1]) Rößler, II, S. 94; Köstlin, Revision, S. 934. Anerkannt in der Schwedischen Verf. 1809, § 102, wo das Begnadigungsrecht hinsichtlich der Strafen gestattet ist, der Verurtheilte jedoch nicht wieder im Staatsdienst angestellt werden kann.

[2]) Constant, De la resp. des minist. (Laboulaye, I, S. 422 ff.); Lagemans, S. 70; Lüder, Das Souveränitätsrecht der Begnadigung, S. 115, 120. — Zu welchen Irrthümern staatsrechtliche Fictionen führen können, zeigt die Argumentation, mit welcher der sonst so scharfsinnige Constant für die Unbeschränktheit des Begnadigungsrechts kämpft. Die Unverantwortlichkeit des Königs, sagt er, beruhe auf der Fiction, daß derselbe kein Unrecht thun könne. Durch die Beschränkung des Begnadigungsrechts, welches in der Annahme wurzle, daß der König Böses zu thun vermöge, würde die gesetzliche Fiction und damit das Princip der constitutionellen Monarchie zerstört sein. Constant hat dabei nur übersehen, daß wenn man der Fiction: „the king can do no wrong" in dem Sinne auffaßt, den er ihr beilegt, die ganze Ministerverantwortlichkeit damit in Widerspruch stände. Wozu jede constitutionelle Beschränkung des Monarchen, wenn er kein Böses thun kann? Uebrigens ist Constant insofern auch inconsequent, als er die Wiederanstellung eines verurtheilten Ministers auszuschließen scheint; wenigstens sagt er (Laboulaye, I, S. 427): „Mais si la constitution est libre et si la nation est énergique, qu'importe la punition d'un ministre, lorsque, frappé d'un jugement solennel, il est rentré dans la classe vulgaire, plus impuissant que le dernier citoyen . . ." (Vergl. Mohl, S. 578, N. 3, der diese Ansicht fälschlich Eckendahl zuschreibt, während dieser nur eine wörtliche Uebersetzung der Constant'schen Schrift in seiner Staatslehre aufnahm. Derselbe Irrthum befindet sich auch bei Lüder, welcher wohl keinen der beiden Schriftsteller gelesen hat.) Constant fühlt offenbar die Härte, welche darin liegt, daß der Minister in Bezug auf fürstliche Begnadigung schlechter als alle Bürger gestellt sein soll, und sucht daher, wenn auch in ganz verkehrter Weise, aus Rücksichten der Humanität die Begnadigung von den criminellen Strafen zu verfechten.

[3]) Mohl, S. 577.

[4]) Köstlin, S. 933. Buddeus, S. 37, geht sogar so weit, eine Art Personeneinheit zwischen dem Fürsten und dem Minister anzunehmen.

schaft und Zuneigung, welches den Souverän mit dem Minister verknüpfe, die Gefahr eines Mißbrauchs des Begnadigungsrechts auch in jenen Fällen vorhanden, wo der Minister aus eigenem Antriebe, ohne Willen und Wissen des Fürsten, eine gesetzwidrige oder schlechte Handlung vornahm.[1]) Was nun den ersten Gesichtspunkt betrifft, so ist es allerdings richtig, daß durch die Unbeschränktheit des königlichen Begnadigungsrechts das ganze Gesetz in seiner Wirksamkeit gelähmt werden könnte; denn der Minister, welcher von vornherein der Begnadigung sicher wäre, würde leicht den gesetzwidrigen Befehlen des Fürsten keinen Widerstand leisten, sondern immer gehorchen. Richtig ist ferner auch, daß in jenen Fällen, wo der Minister zu einem Regierungsacte des Monarchen mitwirkte, der letztere also Urheber der Handlung ist, eine Begnadigung des Ministers von den Straffolgen dieser Handlung nicht mehr als reiner Act der Gerechtigkeit betrachtet werden könnte. Allein es ist doch bedenklich, vom Gedanken eines möglichen Mißbrauchs des Begnadigungsrechts, welcher der Beschränkung desselben zu Grunde liegt, auszugehen;[2]) dieser würde in seiner letzten Consequenz dazu führen, dem Souverän überhaupt das Recht der Begnadigung zu entziehen, weil ein Mißbrauch desselben auch in Bezug auf andere Personen, z. B. Günstlinge, ebenso zu befürchten ist. Auch ist nicht einzusehen, weshalb gerade ein Minister, welcher vielleicht durch seine persönlichen Beziehungen zum Fürsten mehr als jeder andere entschuldigt werden könnte, hinsichtlich des Gnadenerlasses crimineller Strafen nachtheiliger als jeder andere Staatsdiener, als jeder Bürger gestellt sein soll; es wäre dies eine durchaus ungerechtfertigte Härte. In der That liegt auch hier der Fehler in der Vermengung der criminellen und der staatsrechtlichen Verantwortlichkeit. Die Frage, ob das königliche Begnadigungsrecht in Betreff der vom Staatsgerichtshof gegen Minister verhängten Ahndungen zu beschränken sei, findet ihre einfache Lösung, wenn man von der disciplinaren Natur der Verantwortlichkeit und dem Wesen des Staatsamtes ausgeht. Der Staatsgerichtshof hat, wie wir schon früher ausgeführt haben, lediglich über die staatsdienerlichen Pflichtverletzungen der Minister zu erkennen; insoweit eine Handlung derselben auch gegen ein Straf-

[1]) Kerkhove, S. 239.

[2]) Lüder, S. 114.

gesetz verstößt, gehört sie zur Competenz der ordentlichen Gerichte. Aber sowie das Begnadigungsrecht des Fürsten hinsichtlich der von den gewöhnlichen Strafgerichten über die Minister verhängten Strafen in voller Unbeschränktheit bestehen muß, ebenso folgt aus dem Zweck der höheren Disciplin und der höheren ethischen Natur des Staatsamtes, daß die Folgen des vom Staatsgerichtshofe ausgesprochenen, das Amt treffenden Urtheils nicht durch den persönlichen Willen des Staatsoberhaupts aufgehoben werden dürfen. Der Zweck der reinigenden Disciplin ist die Säuberung des Staatsdienstes von jenen schädlichen Elementen, aus deren Amtsthätigkeit sich ergab, daß sie den Anforderungen nicht entsprechen, die Bedingungen nicht erfüllen, von denen die Anstellung oder das Verbleiben in einem Amte abhängig ist. Wird einmal durch richterlichen Ausspruch festgestellt, daß einem Beamten die zu einem bestimmten Amte oder dem Staatsdienste erforderliche Qualification fehle, so kann hier durch Begnadigung nichts geändert werden.[1]) Die Begnadigung kann wohl die Erduldung eines Uebels nachsehen, sie kann die mit einer Strafe verbundenen Nachtheile aufheben, aber sie vermag weder die durch den Richterspruch entzogene Fähigkeit, noch das ideale Gut des öffentlichen Vertrauens wieder zu verleihen. Streng betrachtet wird durch den richterlichen Ausspruch der Disqualification nicht das Recht der Begnadigung, sondern das Ernennungsrecht des Staatsoberhaupts beschränkt. Nach der Natur des Staatsdienstes, welcher bestimmte Qualification verlangt, wird der Monarch oft gesetzlich gebunden, gewisse Staatsämter nur solchen Personen zu übertragen, welche die gesetzmäßig vorgeschriebenen Erfordernisse zu denselben haben; er darf sein Ernennungsrecht nicht schrankenlos ausüben, sondern nur bei Vorhandensein der gesetzlichen Voraussetzungen. Ganz ähnlich verhält es sich, wenn der Gerichtshof die Unfähigkeit eines Ministers zur ferneren Bekleidung seines Amtes oder zur Uebernahme eines Staatsdienstes ausspricht; es sind ihm dann, gerade wie durch das Gesetz, die Fähigkeiten entzogen, welche Bedingung der Wiederanstellung sind. Eben so wenig, wie der Monarch Personen, welche durch das Gesetz vom Ministeramte ausgeschlossen sind, oder solchen, denen die gesetzlich vorgeschriebene Qualification fehlt, eine Ministerstelle übertragen kann, eben so wenig

---

[1]) Den richtigen Gesichtspunkt deutet an Rößler a. a. O.

vermag er dies, wenn ein Minister durch richterliche Sentenz zum Amte oder zum Staatsdienst disqualificirt ist. Die Aufhebung der Disqualification ist nur durch einen gesetzgeberischen Act möglich.[1]) Eine solche Wiederverleihung der entzogenen Fähigkeit durch ein Specialgesetz kann unter Umständen ein Gebot des Staatswohls oder eine Forderung der Gerechtigkeit und Billigkeit sein. Auch die Disqualification ist demnach keine unwiderrufliche Maßregel; aber sie kann nicht einseitig vom Monarchen, sondern nur durch das Zusammenwirken aller gesetzgebenden Factoren aufgehoben werden.

---

[1]) Nur in Form eines Gesetzes ist eine Begnadigung zulässig: Bayern, Gesetz v. Juni 1848, Art. 12; Sachsen-Weimar, Rev. Grundgesetz 1850, § 59; Sachsen-Coburg-Gotha, V.-U. 1852, § 176; Griechenland, Constitution v. 1862, Art. 62. — Von einem Antrag der Stände ist das Begnadigungsrecht abhängig gemacht in Belgien, 1831, § 91; Luxemburg, V.-U. 1856, Art. 83; Waldeck, Gesetz v. 4. Juni 1850, Art. 16; Oesterreich, M.-V.-G. v. 25. Juli 1867, § 29; Baden, M.-V.-G. v. 20. Februar 1868, § 67 a, Abs. 5. — Nach dem Ungar. Gesetz, § 35, ist die Begnadigung eines Ministers nur im Falle einer allgemeinen Amnestie statthaft.

Verzeichniß

der (meist in abgekürzter Form) citirten Werke und Zeitschriften.

Allgemeine Deutsche Strafrechtszeitung, herausgegeben von F. v. Holtzendorf, Bd. III, 1863.

F. Ancillon, Nouveaux essais de politique et de philosophie, 2 tomes, Paris 1824.

Neues Archiv des Criminalrechts, Bd. XIII, 1832.

Archiv des Criminalrechts. Neue Folge, 1853.

Archiv für das öffentliche Recht des Deutschen Bundes, herausgegeben von J. C. T. v. Linde, Bd. III, Gießen 1858.

J. C. F. v. Aretin, Das Staatsrecht der constitutionellen Monarchie, 2 Bde. (Bd. 2, 2. Abth. citirt als III) Altenburg 1824—1828.

O. Bähr, Der Rechtsstaat, Cassel u. Göttingen 1864.

Blackstone, Commentaries on the laws of England. Thenth edit., 4 vols, London 1787.

Bluntschli, Allgemeines Staatsrecht, 3. Aufl., 2 Bde., München 1863.

S. Brie, Die Legitimation einer usurpirten Staatsgewalt, 1. Abth., Heidelberg 1866.

F. Bülau, Die Behörden in Staat und Gemeinde, Leipzig 1836.

Buddeus, Die Ministerverantwortlichkeit in constitutionellen Monarchien, Leipzig 1833.

F. R. v. Campe, Die Lehre von den Landständen nach gemeinem Deutschen Staatsrechte, Lemgo u. Detmold 1864.

A. Cherbuliez, Théorie des garanties constitutionnelles, 2 tomes, Paris 1828.

Adolph Cnyrim, Die Verantwortlichkeitsfrage, Frankfurt 1848.

Benjamin Constant, Cours de politique constitutionnelle ou collection des ouvrages publiés sur le gouvernement représentatif. Avec une introduction et des notes par Ed. Laboulaye, 2 tomes, Paris 1861.

Benjamin Constant, Cours de politique constitutionnelle. Troisième édition, précéd. d'une introduction par M. J. P. Pagès, Bruxelles 1837.

Homersham Cox, The institutions of the English government. London 1863.

George Ticknor Curtis, History of the origin, formation and adoption of the Constitution of the United States. 2 vols, New-York 1858.

F. C. Dahlmann, Politik, 2. Aufl., Bd. 1, Leipzig 1847.

M. P. Destriveaux, Traité de droit public, 3 tomes, Bruxelles 1849—55.

Dictionnaire général de la politique par Maurice Block. 2 tomes, Paris 1863—64.

D. G. v. Eckendahl, Allgemeine Staatslehre, 1. Th., Neustadt 1833.

Baron Joseph Eötvös, Der Einfluß der herrschenden Ideen des 19. Jahrhunderts auf den Staat, 2 Bde., Leipzig 1854.

E. Fischel, Die Verfassung Englands, 2. Aufl. Berlin 1864.

C. F. Gerber, Grundzüge eines Systems des öffentlichen Rechts, Leipzig 1865.

Rudof Gneist, Geschichte und heutige Gestalt der Aemter und des Verwaltungsrechts in England, Berlin 1867.

H. Hallam, The constitutional history of England from the accession of Henry VII to the death of Georg II. 3 tomes, Paris 1841.

Hamilton, Madison and Jay, The Federalist. Hallowell 1826.

Heidelberger Jahrbücher der Literatur, Jahrg. 1859.

A. C. Heinze, Der Hellenische Nationalcongreß in den Jahren 1843 u. 1844, Leipzig 1845.

J. Held, System des Verfassungsrechts der monarchischen Staaten Deutschlands, 2 Bde., Würzburg 1856 u. 1857.

— Staat und Gesellschaft vom Standpunkte der Geschichte der Menschheit und des Staates, 3 Bde., Leipzig 1861—1865.

Ludwig Hoffmann, Die staatsbürgerlichen Garantien, 2 Bde., Leipzig 1831.

Thomas Jefferson, Complete works, 9 vols, New-York 1853—1857.

K. v. Kaltenborn, Einleitung in das constitutionelle Verfassungsrecht, Leipzig 1863.

Oswald de Kerkhove, De la responsabilité des ministres dans le droit public Belge, Bruxelles 1867.

J. L. Klüber, Oeffentliches Recht des Deutschen Bundes und der Bundesstaaten, 2. Aufl., Frankfurt 1822.

C. R. Köstlin, Revision der Grundbegriffe des Criminalrechts, Tübingen 1845.

Ed. Laboulaye, Le parti libéral son programme et son avenir. Deuxième édition, Paris 1863.

M. G. Lagemans, De leer der ministeriële verantwoordelijkheid en hare toepassing in het Nederlandsche staatsregt. Leijden 1855.

J. Ludwigh, Des lois sur la responsabilité du pouvoir exécutif en Hongrie. Bruxelles 1865.

C. Lüder, Das Souveränitätsrecht der Begnadigung, Leipzig 1860.

Thomas Erskine May, A practical treatise on the laws, privileges, proceedings and usage of parliament. Third edit., London 1855.

F. Maurenbrecher, Grundsätze des heutigen Deutschen Staatsrechts, Frankf. 1837.

R. v. Mohl, Die Verantwortlichkeit der Minister in Einherrschaften mit der Volksvertretung, Tübingen 1837.

R. v. Mohl, Staatsrecht, Völkerrecht und Politik. Monographien. 2 Bde. Tübingen 1860 u. 1862.

A. Möhl, Ueber das Repräsentativsystem, Mannheim 1840.

Montesquieu, Oeuvres complètes, 3 tomes, Paris 1865.

F. O. v. Nordenflycht, Die Schwedische Staatsverfassung in ihrer geschichtlichen Entwickelung, Leipzig 1861.

K. H. L. Pölitz, Die Europäischen Verfassungen seit dem Jahre 1789 bis auf die neueste Zeit: 4 Bde., Leipzig 1833—1847.

J. Pözl, Lehrbuch des Bayerischen Verfassungsrechts, München 1851.

L. v. Rönne, Das Staatsrecht der Preußischen Monarchie, 2 Bde., Leipzig 1856 u. 1863.

Revue étrangère et française, tom. III, 1837.

Constantin Rößler, Studien zur Fortbildung der Preußischen Verfassung, 2 Theile, Berlin 1863 u. 1864.

John Russell, An essay on the history of the English government and constitution. London 1865.

Rüttimann, Die Nordamerikanische Bundesverfassung verglichen mit den politischen Einrichtungen der Schweiz, Th. 1, Zürich.

F. Schmitthenner, Grundlinien des allgemeinen oder idealen Staatsrechts, Gießen 1845.

Staatslexicon oder Encyklopädie der Staatswissenschaften, herausgegeben von C. v. Rotteck und C. Welcker, 2. Aufl., 12 Bde., Altona 1845—1848.

Deutsches Staatswörterbuch, herausgegeben von J. C. Bluntschli und K. Brater, Stuttgart u. Leipzig 1857 ff.

F. J. Stahl, Das monarchische Princip, Heidelberg 1845.

— Die Philosophie des Rechts, 3. Aufl., 2 Bde., Heidelberg 1854 u. 1856. (Bd. 2: Die Rechts- und Staatslehre.)

L. Stein, Die Verwaltungslehre, 1. Bd., Stuttgart 1865.

Joseph Story, Commentaries on the Constitution of the United States. Third edition, 2 vols, Boston 1858.

M. v. Stubenrauch, Handbuch der Oesterreichischen Verwaltungs-Gesetzeskunde, 2 Bde., Wien 1852.

Alexis de Tocqueville, De la démocratie en Amérique. Quatorzième édition, 2 tomes, Paris 1864.

Verhandlungen der Ersten Kammer der Ständeversammlung des Großh. Baden, 4. Heft, 1820.

Verhandlungen der Badischen Zweiten Kammer, 1831.

Verhandlungen der Deutschen verfassunggebenden Reichsversammlung zu Frankfurt, herausgegeben v. K. D. Häßler, Bd. II, 1849.

G. Waitz, Grundzüge der Politik nebst einzelnen Ausführungen, Kiel 1862.

Timothy Walker, Introduction to American law, fourth edition, Boston 1860.

C. D. v. Witzleben, Die Grenzen der Repräsentation in der constitutionellen Monarchie.

H. A. Zachariae, Deutsches Staats- und Bundesrecht, 2 Bde., Göttingen 1865 u. 1867.

K. S. Zachariae, Vierzig Bücher vom Staate, 3 Bde., Heidelberg 1839—1842.

H. Zöpfl, Grundsätze des gemeinen Deutschen Staatsrechts mit besonderer Rücksicht auf das allgemeine Staatsrecht und die neuesten Zeitverhältnisse, 5. Aufl., 2 Bde., Leipzig u. Heidelberg 1863.

GPSR Compliance

The European Union's (EU) General Product Safety Regulation (GPSR) is a set of rules that requires consumer products to be safe and our obligations to ensure this.

If you have any concerns about our products, you can contact us on ProductSafety@springernature.com

In case Publisher is established outside the EU, the EU authorized representative is:

Springer Nature Customer Service Center GmbH
Europaplatz 3
69115 Heidelberg, Germany

Batch number: 10844675

Printed by Printforce, the Netherlands